世界の
エリートを
唸らせる

話す

ビジネス英語

SANSHUSHA

塚本亮

はじめに

■ あなたは「基本名詞」を使いこなせているか？

本書ではビジネスの現場でネイティブが頻繁に使う名詞を50個厳選して紹介しています。
突然ですが、目次をざっと見てください。
50個の名詞を見てどう感じられますか？
「target, benefit, successなど、どれも簡単な単語ばかりで、仕事場で使っているものばかりだ」と感じられたかもしれません。
確かに厳選した名詞の中には基本的なものが多く含まれます。
でも、本当に「これらの基本名詞を適切な形で使いこなしている」と自信を持って言えますか？

■ 英語は「組み合わせ」が大好きな言語

ここでこれらの名詞がどう使われるのか、少し考えてみましょう。
センテンスの中で使われるとき、offer serviceのように大抵は「動詞＋名詞」の組み合わせで使われますね。この「組み合わせ」が英語では特に重要で、ネイティブスピーカーの英語は「組み合わせ」だらけです。

■ 自己流の「組み合わせ」は危険である

義務教育や英会話学校の教育では見落とされがちなのですが、実のところ「組み合わせ」を作る時に、やみくもに知っている動詞と名詞を組み合わせているのであれば、その英語はネイティブにとって不自然な可能性が高いです。
まったく意味をなさずにネイティブが固まってしまう「組み合わせ」はもちろん問題です。
でも僕がもっと怖いと感じるのは、「何となく通じてしまっている自己流の「組み合わせ」」。ランダムに組み合わせてとりあえず通じているかもしれませんが、実は、相手に失礼なニュアンスを伝えていたり、ちぐはぐな印象を与えている場合が多々あるのです。

■ 「相性動詞」とは何なのか？「相性動詞＋名詞」をどんどん使おう

では、どうすればいいのか？
名詞には、相性のいい動詞がいくつか存在し、ネイティブは会話の中で「動詞＋名詞」の形で自然に組み合わせて使っています。この名詞と相性がいい動詞を本書では「相性動詞」と命名しています。
ネイティブであれば経験から「相性動詞＋名詞」を自由自在に使いこなせますが、私た

ち非ネイティブがネイティブの自然なパターンを使いこなせるようになるには、方法はただひとつ。
「相性動詞＋名詞」のパターンを大量にインプットしたうえで、アウトプットする練習をするしかありません。

■ 「相性動詞」を使えば、あなたの英語とビジネスが変わる

「相性動詞＋名詞」のパターンを身につけていくと、どういうメリットがあるでしょうか？

メリット
① 信頼を得られ、ビジネスが加速する

まず、相手からの信頼感が得られやすく、結果、ビジネスを円滑に進めやすくなります。適当な組み合わせで話すと、ネイティブが使いこなしている相性動詞の「組み合わせ」で話すのでは差は歴然です。ネイティブや他のネイティブレベルの英語話者から「この人はわかっているな、話が通じるな、信頼できそうだ」と思ってもらえます。ビジネスの一線で活躍する英語話者は「相手の話す英語のレベルや単語の取捨選択」で信頼度合いを判断することは珍しくありません。これは僕の経験からも断言できることです。

② 微妙なニュアンスの違いを表現できて「伝わる英語」が手に入る

例えば、No.3 productに出てくる相性動詞を紹介しましょう。
「市場に商品を出す、売り出す」という時に、こういったパターンが考えられます。

一般的な表現→sell a product
相性動詞＋product→market a product

このときsellを使ってももちろん間違いではありません。ただsellだと、「お金と商品を交換する」という単純な行為を表しているので、ビジネスシーンで商品にかけたプロセスや意気込みも表現したい場合は、他の動詞を使えると効果的です。一方で相性動詞のmarketを使うと、「製品を市場に出すにあたり、ネーミングを決め、ターゲットを決めて、そして市場に出す」という、ビジネスシーンにおいて周到なプロセスが含まれます。market1語で、ここまで広いニュアンスを盛り込めるのです。商品開発の社内会議やプレゼンの場で、こういった相性動詞を盛り込むことができたらご自身の伝えたい思いやニュアンスをより生き生きと相手に伝えることができるでしょう。

塚本　亮

CONTENTS

はじめに 2

How to Use this Book 10

重要な相性動詞 12

塚本 4methods 22

ビジネス英語で話す力を加速させる 重要[相性動詞＋名詞]50

No.1 Standard 26
PICK-UP相性動詞「基準を作る」
establish / draw up / lay down etc...

No.2 Advice 32
PICK-UP相性動詞「アドバイスをする」
proffer / pass on / hand out etc...

No.3 Product 38
PICK-UP相性動詞「製品を売る」
launch / market / bring etc...

No.4 Success 44
PICK-UP相性動詞「成功を収める」
win / relish in / enjoy etc...

No.5 Customer 50
PICK-UP相性動詞「客を獲得する」
reel in / woo / drum up etc...

No.6 Strategy 56
PICK-UP相性動詞「戦略を立てる」
chart[map out] / hammer out / elaborate etc...

No.7 Market 62
PICK-UP相性動詞「マーケットに参入する」
break into / tap into / invent[create] etc...

No.8 Progress ……………………………… 68
PICK-UP相性動詞「進歩する」
facilitate / further / yield etc...

No.9 Information ……………………………… 74
PICK-UP相性動詞「情報を集める」
aggregate / compile / glean etc...

No.10 Competition ……………………………… 80
PICK-UP相性動詞「競争へ参加する」
enter into / participate in / encounter etc...

No.11 Perspective ……………………………… 86
PICK-UP相性動詞「視点[見解]を提供する」
suggest / express / share etc...

No.12 Benefit ……………………………… 92
PICK-UP相性動詞「利益[恩恵]を得る」
enjoy / reap / obtain etc...

No.13 Priority ……………………………… 98
PICK-UP相性動詞「優先する」
place / put / assign etc...

No.14 Plan ……………………………… 104
PICK-UP相性動詞「計画を作成する」
prepare / work out / draw up etc...

No.15 Attempt ……………………………… 110
PICK-UP相性動詞「〜する試みをやめる」
abandon / undermine / shatter etc...

No.16 Conclusion ……………………………… 116
PICK-UP相性動詞「結論を出す」
arrive at [come to / reach] / jump [leap] to / derive etc...

No.17 Attention ……………………………… 122
PICK-UP相性動詞「注意を集める／引く」
draw / win / garner etc...

No.18 Efficiency ········ 128
PICK-UP相性動詞「効率を高める」
promote / raise / boost[enhance] etc...

No.19 Expertise ········ 134
PICK-UP相性動詞「専門知識[技術]を持つ／身につける」
build / build on / accumulate etc...

No.20 Measure ········ 140
PICK-UP相性動詞「策を講じる」
carry out / implement / adopt etc...

No.21 Responsibility ········ 146
PICK-UP相性動詞「責任を負う／持っている」
shoulder / bear / undertake etc...

No.22 Awareness ········ 152
PICK-UP相性動詞「認識を高める」
heighten / boost / propagate[spread] etc...

No.23 Decision ········ 158
PICK-UP相性動詞「決断を受け入れる」
reinforce / justify / back etc...

No.24 Profit ········ 164
PICK-UP相性動詞「利益を出す」
eke out / reap / wring etc...

No.25 Risk ········ 170
PICK-UP相性動詞「リスクを負う」
incur / take on / bear etc...

No.26 Task ········ 176
PICK-UP相性動詞「仕事をやり抜く」
handle / get through[accomplish] / pull off etc...

No.27 Service ········ 182
PICK-UP相性動詞「サービスを提供する」
offer / perform / sell etc...

No.28 Knowledge ……………………… 188
PICK-UP相性動詞「知識を得る」
acquire / absorb / extract etc...

No.29 Ability ……………………… 194
PICK-UP相性動詞「能力を高める」
cultivate / bolster[boost] / foster etc...

No.30 Future ……………………… 200
PICK-UP相性動詞「未来を予見する」
envision / foresee / anticipate etc...

No.31 Value ……………………… 206
PICK-UP相性動詞「〜の価値を高める」
enhance / reinforce / enrich etc...

No.32 Contract ……………………… 212
PICK-UP相性動詞「契約を結ぶ／とる」
enter into / sign[seal] / close[conclude] etc..

No.33 Partnership ……………………… 218
PICK-UP相性動詞「パートナーシップを築く」
forge / go[enter] into / establish[set up] etc...

No.34 Expectation ……………………… 224
PICK-UP相性動詞「期待に応える」
live up to / satisfy / address etc...

No.35 Negotiation ……………………… 230
PICK-UP相性動詞「交渉を開始する」
initiate / launch / enter into etc...

No.36 Consequence ……………………… 236
PICK-UP相性動詞「結果を評価する／考える」
evaluate / assess / analyze etc...

No.37 Investment ……………………… 242
PICK-UP相性動詞「投資を増やす、減らす」
beef up / pare / curb etc...

No.38 Project ································ 248
PICK-UP相性動詞「プロジェクトに着手する」
embark on / tackle / undertake etc...

No.39 Reputation ···························· 254
PICK-UP相性動詞「評判を高める」
consolidate / cultivate / polish etc...

No.40 Strength ······························· 260
PICK-UP相性動詞「強みを生かす／頼る」
harness / depend[rely on] / leverage etc...

No.41 Company ······························· 266
PICK-UP相性動詞「会社を経営する」
administer / manage / lead etc...

No.42 Opportunity ·························· 272
PICK-UP相性動詞「機会を得る」
capture / grab / exploit etc...

No.43 Target ··································· 278
PICK-UP相性動詞「目標を達成する」
reach / meet / hit etc...

No.44 Budget ·································· 284
PICK-UP相性動詞「予算を作成する／編成する」
set aside / draft[draw up] / work out etc...

No.45 Impression ···························· 290
PICK-UP相性動詞「印象を与える」
convey / provide[give off] / create[generate] etc...

No.46 Proposal ································ 296
PICK-UP相性動詞「提案する」
present / submit / put forward[bring forward] etc...

No.47 Effort ···································· 302
PICK-UP相性動詞「努力を払う」
exert / put forth / pour etc...

No.48 Growth ······ 308
PICK-UP相性動詞「成長を妨げる」
contain / inhibit[curb] / stunt etc...

No.49 Fact ······ 314
PICK-UP相性動詞「事実を明らかにする」
disclose / clarify / uncover etc...

No.50 Relationship ······ 320
PICK-UP相性動詞「関係を築く」
form / forge / cement etc...

おわりに ······ 326

How to Use this Book

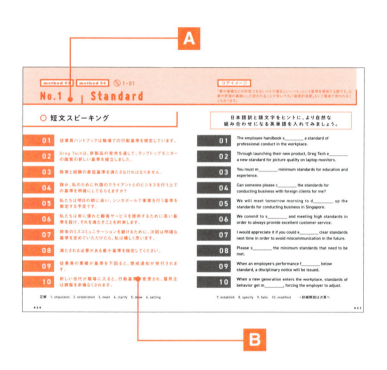

A

ビジネスで信頼され、伝わる英語になるための50の「相性動詞＋名詞」を紹介しています。左上にあるmethodは1〜4まであります。p.22で紹介しているより身につく学習ステップ4つの「塚本4methods」に則って本書もページが続いています。

B

「短文スピーキング」です。10通りの「相性動詞＋名詞」のセンテンスをインプットしていきます。またCDには4か国語で（アメリカ、イギリス、オーストラリア、カナダ）収録されています。

C

特に重要な3つの「相性動詞＋名詞」の組み合わせについて、イラスト付きで解説しています。**文字情報だけではなく、視覚情報を加えることで五感が刺激されていくと、人間の脳は記憶が定着しやすくなります。**イラストを最大限に活用してください。

D

Cで紹介した組み合わせ以外でも重要な組み合わせを紹介しています。ページによっては「相性形容詞」も掲載しています。より使いやすくイメージを持てるように解説も加えています。

E F

「長文スピーキング」です。ここではスピーチ（モノローグ）と会話の2パターンを掲載し、実際のビジネス現場で「相性動詞＋名詞」がどう使われるのか掴めるようになっています。声に出してトレーニングを繰り返せば、自然な組み合わせ表現が口をついて出るようになってきます。また本書に出てくるすべての英文は、ネイティブ校閲者と塚本氏が話し合いを何度も重ね完成させたものです。ネイティブ校閲者のブルック氏は、企業内で英語研修や文書のコンサルを行っていた経験を活かし、本書の英文制作に協力してくださいました。したがって、**本書の英文は「アメリカやヨーロッパ、中国など、グローバルな現場でアウトプットするのに遜色ない良質な英語」**です。ネットやYouTubeからいくらでも英文を引き出せる時代です。そういった時代にわざわざ本を買って勉強してくださる皆さんのモチベーションに答えるべく「英文の質」にもこだわり抜きました。

全部で50ユニットですので、「短文スピーキング」500センテンスと「長文スピーキング」100本がそろっています。これ1冊を継続して取り組めば、世界のどこに行っても相手を唸らせる英語のスピーキングスキルが身につくはずです！

> ### 重要な相性動詞
>
> ビジネスで信頼を得て、伝わる英語にしてくれる「相性動詞」の中でも、よく出てくる動詞10個をまとめて紹介します。

① boost　　　下から押し上げる、高める、促進する

概要

少しカジュアルな響きを持つ単語なので、かしこまったシーンではあまり聞かれません。むしろ、同僚同士のフランクな会議や雑談などで多く登場します。
booster seat（チャイルドシート）という表現からわかるように、「力強く支えて、サポートする、押し上げる」といったニュアンスが感じられる動詞です。

🖐 相性動詞boostを使うと、こう差がつく

「高める」の定番表現であるimproveとどう違うかというと、improveは基本的に「現状良くないものを改善する、高める」という文脈でのみ使われます。それに対してboostは現状が悪くなくても使えます。より汎用性の高い表現です。
例えば、boost a market（市場を後押しする）、boost sales（売上を伸ばす）、boost prices（物価を上げる）など、マーケティング関連の用語と組み合わせて使うと、語感をうまく出せ、説得力も増してきます。

> **boost＋名詞の例**
> - boost efficiency　効率を高める（→p.130）
> - boost awareness　認識を高める（→p.154）

② elaborate　　入念に練る、詳しく説明する

概要

elaborate のスペルを見てください、laborという単語が隠れています。「働く、努力する」という意味のlaborが入っているので、ただ単に「練る、作る、説明する」のではなく「苦心して練り上げる、入念に作る、詳細を説明する」となります。「詳細を説明する」の時は、自動詞扱いでelaborate onの形で使われます。

相性動詞elaborateを使うと、こう差がつく

elaborateは、話者の背景にあるlabor、すなわち「努力や尽力」をスマートに伝えられる動詞です。make a proposalでも間違いではないですが、これだと「提案を行う」事実のみを伝えることになります。elaborateにすることで「手塩をかけた提案を満を持して提出する」、そんな強い意志が付加されます。「上司に、取引先に、ここぞ」という時に使うと周りと差がつくはずです。

> **elaborate＋名詞の例**
> - **elaborate a strategy**　戦略を練る（→p.58）
> - **elaborate on a decision**　（決断について）詳しく説明する（→p.161）

③ offer　　提供する

概要

中学で習うレベルの基本単語ですが、ビジネスの現場で毎日のように見聞きします。というのも、このofferを使うことで相手との「ほどよい距離感」を演出できるのです。「ワンクッション置いて提供する、差し出す」といった訳語がしっくりきます。offerという単語自体が一種の丁寧語のようなもの、と言ってもいいかもしれません。原義はラテン語で「捧げる」です。

相性動詞offerを使うと、こう差がつく

同じような意味で訳されるsuggest（提案する）は、offerより距離感が近く「行動を促す」意味合いが色濃く出ることもあります。一方、offerであれば、同僚から取引先、初対面の年上の相手まで、使って失礼になることはまずありません。「落ち着いた大人の英語を話す人」という印象を与えることができるofferは、ビジネス英語の万能選手と言えるでしょう。

> **offer＋名詞の例**
> - offer service　サービスを提供する（→p.184）
> - offer advice　アドバイスを行う（→p.34）

④ undertake　引き受ける、着手する

概要

名詞形のundertakerは「葬儀屋、請負人」、さらには現在ではあまり使われませんが「編集者、科学者、保証人、芸術作品の制作者」などの意味も持つ多義語です。こういった意味から、特定の専門分野において責任を持って懸命に取り組むといったイメージが掴めると思います。undertakeからも基本的に同様のニュアンスが感じ取れます。

相性動詞undertakeを使うと、こう差がつく

takeが単に「受ける」という行為をシンプルに表すのに対して、undertakeには「責任を持って受け止める」ニュアンスが加わるので「より真摯な気持ち」を込めることができます。また、I am ready to undertake responsibility for this project.というように「これから起こりうる事柄への責任を負う」シーンで好んで使われます。

> **undertake＋名詞の例**
> - **undertake a project**　プロジェクトに着手する（→p.250）
> - **undertake responsibility**　請け負う（→p.148）

⑤ leverage　　活用する、影響を与える

概要

leverageは、大雑把に訳してしまうとuse（使う）ですが、実際は「特定の目的意識があり活用する、てこを使う、影響を与える」という意味合いを持ちます。ちなみに名詞形のleverは「てこ」という意味です。経済用語のレバレッジからもイメージを膨らませていきましょう。

相性動詞leverageを使うと、こう差がつく

leverageはuseと比べて「利益のために利用する」など、目的意識がより明確な時に使えるとしっくりきます。もちろん、経済ニュースや紙面で「借入資本によって投機、買収を行う」という意味で使われるケースも多く目にします。ビジネスパーソンとして最低限押さえておいて損はない単語です。

> **leverage＋名詞の例**
> - leverage the strength　強みを生かす（→p.262）
> - leverage a relationship　関係を活用する（→p.323）

⑥ enjoy   手にする、享受する

概要
「楽しい」という意味では非常に基本的な動詞の単語として知られていますが、ビジネスシーンで使われる場合、その意味が変わります。ビジネス英語で使われる場合、ほとんどの場合「手にする／享受する」という意味で使われます。

👉 相性動詞enjoyを使うと、こう差がつく

「手にする」という意味でまず頭に浮かぶのがgetやgain, obtainあたりだと思います。enjoyを使うとこれらの動詞よりも強いニュアンスを伝えることができます。単に「手にする結果」を表しているgetやgain, obtainに対し、enjoyを使えば、手にする瞬間ではなく、その後に訪れる時間を嗜んでいるようなイメージも一緒に伝えることができます。
動詞自体がポジティブな意味を持つので、getやobtainなどを使う時には伝えられなかったポジティブなイメージをこの1語で表すことができます。

> **enjoy＋名詞の例**
> - enjoy success　成功を手にする（→p.46）
> - enjoy benefits from　～から利益[恩恵]を享受する（→p.94）

⑦ launch　　打ち上げる、開始する

概要

「打ち上げ(する)」や「発売(する)」、「発進(する)」などの様々な意味を持ちますが、基本的なイメージとしてロケットの打ち上げのイメージを持っていると、どの意味も理解しやすいでしょう。名詞「発売」の意味で、book launch party「出版記念パーティ」のように使われます。動詞で「(ロケットなどを)打ち上げる」という意味もあることから、ビジネス英語では、「計画していたものを開始する」という意味で使われます。

相性動詞launchを使うと、こう差がつく

「開始する」という意味ではstartやbegin、「売り出す」ではsellが最も一般的な基礎動詞だと思います。しかし、ロケット打ち上げのイメージがあるlaunchを使うと「元々キチンと計画していたあることを始めたり、進めたりする」意味に加え、「それが勢いを持って売り出される／開始される」ニュアンスも同時に伝えることができます。

> **launch＋名詞の例**
> - **launch a product**　製品を売り出す(→p.40)
> - **launch negotiations**　交渉を開始する(→p.232)

⑧ forge　　造る、案出する

概要

buildやhaveなどの一般的な動詞に比べてforgeは「苦労しながら築く」というイメージがあります。forgeと同様のニュアンスの動詞にcementがあります。formも似ていますが、cementやforgeのほうが、「よりがっちり築く」イメージを持った強い語感の単語です。
forgeは元々鉄などを「鍛える」という意味です。したがってその裏に努力の様子が感じられる場合に使われることが多いです。

相性動詞forgeを使うと、こう差がつく

「築く／構築する（持つ）」の一般的な動詞は汎用性の高いhaveやbuildがよく使われますが、forgeを使うことで、それらの動詞にはない「苦労しながら、よりがっちりと何かを築く／構築する」というニュアンスを加えて伝えることが可能になります。「苦労や困難、努力を伴って」築くことを伝えたい時にはこの動詞を使って相手に裏の努力をさりげなく伝えましょう。

---

forge＋名詞の例

- **forge a partnership**　パートナーシップを構築する（→p.220）
- **forge a relationship**　関係を築く（→p.322）

⑨ bear　　耐える、負う

概要

動詞のbearでは「我慢する」という意味がよく知られていると思いますが、ビジネス英語ではそれが転じて、「好ましくないものを(我慢して)負う」という時に使われる動詞です。後にくる名詞は基本的にネガティブな単語で、「ネガティブなものを負う」という意味になります。

相性動詞bearを使うと、こう差がつく

have、takeなどの基本動詞は「あるものを持っている」という状態だけを表し、それにネガティブなニュアンスもポジティブなニュアンスも表すことができません。bearを使うと「後にくる名詞をネガティブなものとして持つ／負う」というニュアンスが入ることを頭に入れておきましょう。下の例にあるように、riskなどのネガティブな名詞を伴うことが多いです。responsibilityはそれだけでは何とも言えませんが、bearと一緒に使うことで「好ましくない、自ら望んで負った責任ではなく仕方なく負う」ニュアンスになるのです。

> **bear＋名詞の例**
> - **bear responsibility**　責任を負う(→p.148)
> - **bear risk**　リスクを負う(→p.172)

⑩ win　　勝つ、取る、得る

概要
一般的には「勝つ」という意味の動詞として知られているwinですが、ビジネス英語になると、「名声、賞賛、人気、成功などを得る、収める」という用法も押さえましょう。

👆 相性動詞winを使うと、こう差がつく

receiveやgainなどの「手に入れる」という意味の動詞では単純に「手に入れた」ということしか伝えることができませんが、winには「努力の結果、勝ち取って手に入れる」というニュアンスがあります。「勝つ」という意味がある動詞ですので、ポジティブな意味で使われます。フォーマルなビジネスシーンでパッと口から出てくると好印象を与えることができる動詞の1つです。

win the contract（契約を取る）、win the support（支持を得る）、win the approval（賛同を得る）…などもよく使う組み合わせです。上司に報告する時、getでなくwinを使えば、「一生懸命努力したうえで、勝ち取って」きて、それをポジティブに伝えようとしている気持ちを一緒に表現できるのです。

> **win＋名詞の例**
> - **win success**　成功を収める（→p.46）
> - **win attention**　注目を集める（→p.124）

塚本 4methods

本書は、英語学習の基本サイクル「IOCA」をベースとした本書オリジナルの「塚本4methods」に則っていて、非常に効率的に学習することができます。IOCAサイクルとは、ビジネスパーソンならよくご存じの方も多い「PDCA」サイクルをアレンジして僕が考案した学習サイクルです。

IOCAとは…

- **I** Input（インプット）
- **O** Output（アウトプット）
- **C** Check（評価）
- **A** Action（改善）

多くの学習者がインプットをしてそのままできる気になっていたり、インプットした気になって一度参考書を使ったらすぐに次の参考書を進めたりして完全に自分のモノにできていないことに気付いていません。インプットだけでアウトプットや評価・改善にあたるフィードバックをキチンと進められていないと、モチベーションも下がり、学習の持続性さえも失ってしまうのです。

いくら多くのことを覚えても、それをいつ、どうやって、誰と使うのかわからなかったり、それを使う場や使って評価される場がなければ出口のない学習として終わってしまいます。

IOCAサイクルを回すだけでその不安が解決され、学習が一気に進むでしょう！

なかなか独学ではそれをかなえることが難しいのですが、なるべくこのIOCAサイクルをベースに書籍でも独学で学習できるよう、本書では新たに「塚本 4methods」を考えました。

method 1 　インプットのウォーミングアップ
method 2 　インプット
method 3 　アウトプット＆チェック
method 4 　アクション

4methodsサイクル

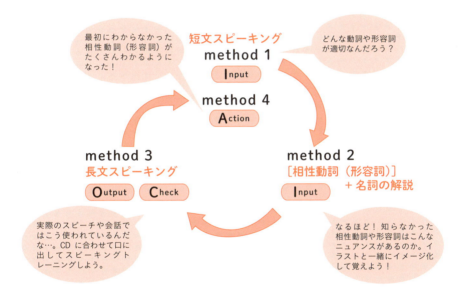

本書ではIOCAの前に「I（インプット）のウォーミングアップ」を加えています。なぜ「I（インプット）のウォーミングアップ」が必要なのか、理由は大きく2つあります。1つ目は、**効果的により多くの情報をインプットすることが可能になるからです。**

独学の場合、インプットしてアウトプットしたとしてもそれを確認する手段がなかなかありません。アウトプットしてもそれが正しいのか、きちんとインプットしたものを覚えてアウトプットできているのか確認することが難しいでしょう。

本書は「短文スピーキング（穴埋め）」→解説→「長文スピーキング（スピーチ＆会話）」という構成になっておりmethod 1で「ここにはどんな相性動詞（形容詞）が入るのだろう？」と考えることでただインプットするだけでなく、自身で一度考えてわからなかったところを解決するように、method 2で解説情報を読むので、より効果的にインプットすることが可能です。

2つ目は、**独学でもインプットした情報をキチンとアウトプットできるようになっているか確認できる**構成になるからです。method 1で最初にわからなかった「相性動詞（形容詞）」の解説読み、正しい知識のインプット（method 2）とスピーチや会話例で実践的な使い方を確認し、付属CDの音声を使ってスピーキング練習することでアウトプット（method 3）をして、ひととおりの知識の習得を身につけたら、最後は改善ですね（method 4）。もう一度「短文スピーキング」を見て最初に見た時よりも多くの「相性動詞（形容詞）」を習得したことを実感しましょう。

この学習メソッドに則って本書を利用すれば、ビジネスの現場で「こんな言葉を知っているなんてすごい」とか「話が通じるな、信頼できる人だ」と思われるようになっていきます。「世界のエリート」を相手に、唸らせる（!）英語を使ってビジネスを成功させていく一歩を一緒に踏み出していきましょう！

世界を唸らせる！

ビジネス英語で話す力を加速させる

重要[相性動詞＋名詞] 50

method 01 | **method 04** | 🔊 1-01

No.1 | Standard

○ 短文スピーキング

01 従業員ハンドブックは職場での行動基準を規定しています。

02 Greg Techは、新製品の発売を通じて、ラップトップモニターの画質の新しい基準を確立しました。

03 教育と経験の最低基準を満たさなければなりません。

04 誰か、私のために外国のクライアントとのビジネスを行う上での基準を明確にしてもらえますか？

05 私たちは明日の朝に会い、シンガポールで事業を行う基準を策定する予定です。

06 私たちは常に優れた顧客サービスを提供するために高い基準を設け、それを満たすことを約束します。

07 将来のミスコミュニケーションを避けるために、次回は明確な基準を定めていただけたら、私は嬉しく思います。

08 満たされる必要がある最小基準を指定してください。

09 従業員の業績が基準を下回ると、懲戒通知が発行されます。

10 新しい世代が職場に入ると、行動基準が変更され、雇用主は調整を余儀なくされます。

正解　1. stipulates　2. established　3. meet　4. clarify　5. draw　6. setting

コアイメージ

「質や業績などの許容できるレベルや望ましいレベル」という基準を意味する語です。比較や評価の基礎として使われることが多いです。「道徳的規範」という意味で使われることもあります。

日本語訳と頭文字をヒントに、より自然な組み合わせになる英単語を入れてみましょう。

01 The employee handbook s_____ a standard of professional conduct in the workplace.

02 Through launching their new product, Greg Tech e_____ a new standard for picture quality on laptop monitors.

03 You must m_____ minimum standards for education and experience.

04 Can someone please c_____ the standards for conducting business with foreign clients for me?

05 We will meet tomorrow morning to d_____ up the standards for conducting business in Singapore.

06 We commit to s_____ and meeting high standards in order to always provide excellent customer service.

07 I would appreciate it if you could e_____ clear standards next time in order to avoid miscommunication in the future.

08 Please s_____ the minimum standards that need to be met.

09 When an employee's performance f_____ below standard, a disciplinary notice will be issued.

10 When a new generation enters the workplace, standards of behavior get m_____, forcing the employer to adjust.

7. establish   8. specify   9. falls   10. modified   →詳細解説は次頁へ

method 02
◯「相性動詞＋standard」の組み合わせ

「基準を作る」の使い分け　>> PICK-UP!

👌 OK　一般的な言い方

- **have** standards　基準を持つ
- **set** standards　基準を設ける

👍 much better　世界を唸らせる言い方

1 establish standards
（基準を作る／確立する）

2 draw up standards
（基準を作る／策定する）

3 lay down standards
（基準を定める）

1 have standardsはすでに基準を持っている「状態」を指して、否定のnoと一緒に使われることが多いです。set standardsはestablish standardsと意味は似ています。しかしestablishのほうがよりフォーマルで書き言葉で好まれます。

2 draw up standardsは「ゼロから基準を作り上げる」という含みを持つので、他に比べると「労力を必要とする」イメージが強いです。

3 lay down standards「基準を定める」は、setの意味にとても近くカジュアルな言い回しです。lay down a ground rule（基本原則を定める）のように使われることも。英検準1級レベルの文章でも出てくる言い回しです。

基準を明確にする

- **define** standards　明確にする
- **clarify** standards　明示する／明確にする
- **specify** standards　特定する／指定する
- **stipulate** standards　明記する／規定する

基準を導入する

- **institute** standards　導入する
- **adopt** standards　採用する
- **employ** standards　採用する

基準を満たす

- **achieve** standards　達成する
- **comply with** standards　順守する
- **live up to** standards　満たす
- **fulfill** standards　満たす
- **meet** standards　満たす

others

- **fall short of** standards　満たさない
- **maintain** standards　維持する
- **fall below** standard　下回る
- **unify** standards　一本化する
- **modify** standards　修正する
- **relax** standards　緩める
- **abolish** standards　廃止する

fall belowでは複数形ではなくstandardとなる点に注目してください。「満たさない"特定の基準"」があると考えると、複数形ではなく単数形にするのが自然です。
relax standardsの組み合わせは意外かもしれませんがビジネスや政治の場面でよく使われます。「基準を満たしやすいように変更する」という意味です。

○「相性形容詞＋standard」の組み合わせ

ポジティブ	ネガティブ／ニュートラル
acceptable standards　許容基準	unacceptable standards　許容しがたい基準
adequate standards　十分な基準	inadequate standards　不十分な基準
decent standards　適切な基準	inappropriate standards　不適切な基準
prevailing standards　一般的な基準	limited standards　限られた基準
	minimum standards　最小基準

others

- **performance** standards　パフォーマンス基準

method 03 長文スピーキング

これまでに紹介してきた相性動詞・形容詞を使った
文章や会話をスピーキング練習しよう。

スピーチ

As you have probably heard, a campaign was started to **abolish minimum wage standards**. If successful, it will affect over 10,000 members of our labor union, putting them below the poverty line. The proponents of the campaign claim that eliminating the minimum wage will allow more people to access more jobs. While their speculation might be correct, we also know that if the measure is passed, the **standard of living** of the lower class will decline dramatically. We must not let this campaign succeed, and we must fight for the rights of our colleagues to earn a living wage.

訳

あなたも聞いたことがあると思いますが、最低賃金基準を廃止するための運動が始まりました。うまくいった場合、労働組合の10,000人以上の従業員に影響を与え、彼らを貧困ラインの下においやることになります。運動の支持者は、最低賃金を廃止すれば、より多くの人々がより多くの仕事にアクセスできるようになると主張しています。彼らの推測が正しいかもしれませんが、我々はまた、その措置が通過すれば、下層階級の生活水準が劇的に下がることを知っています。私たちはこの運動を成功させてはならないし、同僚の生活賃金を得る権利を求めて戦わなければなりません。

会話

A: Hi, Rudy. Can I speak with you for a moment?
B: Of course, Sarah.
A: Please take a seat, Rudy...It has recently come to my attention that you have not been **complying with the performance standards** set by this company. The viewership of your articles authored has gone down in the past month, and I have not seen it go up since.
B: Yes, that's true. I have chosen to focus on topics which I think are of worldly importance.
A: While our company prides itself in offering our writers creative freedom, it's important that each of our authors keeps the focus on the readers of our site to **maintain our standards**.
B: Absolutely. I recognize that I might have failed to **meet the company's standards**, and, if you give me another month, I will regain my readership.
A: Thank you, Rudy. I will check with you in a week.

訳

A: こんにちは、Rudy。少し話すことができますか？
B: もちろんです、Sarah。
A: どうぞ座ってください、Rudy…最近、あなたがこの会社が設定したパフォーマンス基準に達していないことが私は気になっています。あなたの記事のアクセス者数は過去1ヵ月で減少しており、それ以降上がっているのを確認していません。
B: はい、その通りです。私は、世界的に重要だと思うトピックに焦点を当てることにしました。
A: 我々のライターにクリエイティブな環境を提供することを誇りに思っていますが、著者の1人ひとりが我が社の基準を維持するためにサイトの読者に焦点を当て、引きつけることが重要です。
B: 間違いないことですね。私は会社の基準を満たすことに失敗している可能性があると認識しています。もう1ヵ月を私に与えてくだされば、私は読者を取り戻すことができます。
A: ありがとう、Rudy。1週間以内に連絡しますね。

method 01　method 04　1-04

No.2 | Advice

○ 短文スピーキング

01 アドバイスを求めるのは恥ずかしいことではありません。

02 私たちは外部コンサルタントのアドバイスを得る。

03 当社の弁護士は、常に法的観点からの信頼できるアドバイスを提供しています。

04 新しいビジネスプランのアドバイスを得るためにトップのチームメンバーを集めたいと思います。

05 信頼できる人からのアドバイスを心に留めるべきです。

06 求めていない人にアドバイスを与えないように。

07 マネージャーはあなたの個人的な成長についての彼らの率直なアドバイスを喜んで伝えます。

08 なぜこの文書のアドバイスを受け入れないのですか?

09 人々は通常、彼らがよく知っている人のアドバイスに傾く。

10 私はあなたの公平なアドバイスと経験を引き出します。

正解　1. ask　2. enlist　3. proffers　4. garner [gather]　5. heed　6. hand

コアイメージ

試験でも頻出ですが、adviceは不可算名詞として使われます。「ad (〜を) vice (見る)」から「人を見て意見を言うこと」が原義です。

日本語訳と頭文字をヒントに、より自然な組み合わせになる英単語を入れてみましょう。

01 Never be ashamed to a_____ for advice.

02 We do e_____ the advice of external consultants.

03 Our attorney always p_____ solid advice from the legal perspective.

04 I want to bring together our top team members to g_____ advice for a new business plan.

05 You should h_____ advice from people you can trust.

06 Don't h_____ out advice to people who don't want it.

07 Managers are happy to p_____ on their candid advice on your personal development.

08 Why wouldn't you a_____ the advice in this document?

09 People normally l_____ on the advice of someone they know well.

10 I will d_____ on your impartial advice and experience.

7. pass 8. adopt 9. lean 10. draw　→詳細解説は次頁へ

033

method 02

○「相性動詞＋advice」の組み合わせ

「アドバイスをする」の使い分け >> PICK-UP!

OK 一般的な言い方

- **give** advice　アドバイスする
- **provide** advice　アドバイスする
- **offer** advice　アドバイスを行う

much better 世界を唸らせる言い方

1 proffer advice
（アドバイスを提供する）

2 pass on advice
（アドバイスを伝える）

3 hand out advice
（アドバイスを与える）

1 proffer adviceは、「アドバイスを押し付けるのではなく受け取るか拒否するかを相手に委ねながら助言を行う」という意味でフォーマルな表現です。冷静さを伴う表現で、ビジネスで使うと一目置かれるはずです。

2 pass on adviceはすでに誰かによってなされたアドバイスをもう一度伝え直す時に使われます。伝言を伝えるような時に便利な表現です。

3 hand outは「配る」という意味があるように、その人だけに個別のアドバイスをするのではなく、その場にいる1人ひとりに同じようなアドバイスをしているイメージです。「短文スピーキング」06からも分かるように、ネガティブな文脈でもよく使われます。

アドバイスをもらう

- **get** advice　もらう
- **receive** advice　得る
- **ask for** advice　求める
- **seek** advice　求める
- **obtain** advice　得る
- **enlist** advice　得る
- **draw on** advice　引き出す／得る

ask forはseekと比べると若干軽いイメージがあります。ビジネスシーンでも使われますが、かなりフォーマルなシーンでは避けたほうが無難でしょう。seekのほうが本気でアドバイスを必要としているニュアンスが伝わります。

アドバイスを受け入れる

- **accept** advice　受け入れる
- **adopt** advice　受け入れる
- **follow** advice　従う
- **heed** advice　心に留める

acceptは「とりあえず受け入れる」ようなニュアンスがありますが、adopt adviceは「アドバイスを受け入れながらアクションへ移す」までのニュアンスを含みます。heedは元々「気をつける」が原義で、そこから「注意を払う／心に留める」という意味で使われるようになりました。

others

- **gather** advice　集める
- **garner** advice　集める
- **lean on** the advice　傾く

gatherは「色々なところからとにかく集める」ニュアンスなのに対して、garnerは「努力して必要なものを蓄積していく」意味合いになります。

○「相性形容詞＋advice」の組み合わせ

- **candid** advice　率直なアドバイス
- **impartial** advice　公平なアドバイス
- **down-to-earth** advice　現実的なアドバイス／地に足のついたアドバイス
- **hard-nosed** advice　現実的なアドバイス
- **solid** advice　しっかりしたアドバイス／信頼できるアドバイス
- **prudent** advice　賢明なアドバイス
- **life-changing** advice　人生を変えるようなアドバイス

method 03　長文スピーキング

これまでに紹介してきた相性動詞・形容詞を使った
文章や会話をスピーキング練習しよう。

スピーチ

Dear Ruth,
Thank you for submitting your proposal. We reviewed it and chose to go ahead with another candidate. If I may **proffer some candid advice**, please make sure that all your sections are clearly labeled. It was very difficult to follow your process, and the information seemed incomplete and disorganized. You had some good raw ideas, but they can benefit from further development. The proposal was also very short and could use further detail as well as a comprehensive summary.

We wish you best of luck in your future endeavors,
Sincerely,
Gina Allwright

訳

親愛なるRuth、
提案をお寄せいただきありがとうございます。私たちは内容を見直しましたが、別の候補者を選ぶことにしました。私が何かアドバイスをさせてもらうならば、すべてのセクションがはっきりと表記されていることに注意してください。あなたのプロセスに従うことは非常に難しく、情報は不完全で整理がなされていないようでした。あなたは素敵な生のアイデアをいくつか持っていましたが、そのアイデアがさらに発展することで利益に繋がります。またこの提案は非常に短く、包括的な要約はもちろんさらなる詳細を使用することが必要です。

私たちはあなたの将来の努力の中で最高の運を願っています。
敬具、
Gina Allwright

会話

A: Congratulations on the promotion, Sue.
B: Thank you.
A: Could I bother you for some advice for newcomers like me?
B: Sure, Pat. One thing I made sure to always keep in mind is to **draw on advice** from others and learn as much as possible.
A: That's a good tip. Thanks, Sue.
B: You're welcome and don't be afraid to ask for help. The bosses are much friendlier than they appear to be. Also, you're going to learn most from volunteering to help with projects. There are always projects that need an extra hand.

訳

A: 昇進おめでとう、Sue。
B: ありがとう。
A: 私のような新人にいくつかのアドバイスをお伝えしてもらえないですか?
B: もちろん、Pat。私が常に心に留めておいていることの1つは、他人からのアドバイスを得て、できるだけ多くを学ぶことです。
A: それは良い案ですね。ありがとう、Sue。
B: どういたしまして、そして助けを求めることを恐れることはありません。上司は見た目よりよりもはるかに友好的です。あなたが学ぶことの大半はプロジェクトを率先して手伝うことによって得られます。常に手助けを必要とするプロジェクトがあります。

method 01 | **method 04** | 🔘 1-07

No.3 | Product

○ 短文スピーキング

01 今日は、新製品を効果的に商品化するための主要戦略について議論したいと考えています。

02 我々は全く新しい製品を発売することにとても興奮しています。

03 当社は世界中の販売代理店と契約して、独占的な製品を販売します。

04 競合他社の製品と差別化を図るための堅牢な戦略が必要です。

05 業界をリードする製品を市場に投入するにはどうすればよいでしょうか?

06 私はオンラインで製品を宣伝販売することができる適切なディストリビューターを探しています。

07 我々の画期的な製品を紹介する新しいウェブサイトが開設されました。

08 多くの電子機器メーカーは、製品を海外に流通させようとしていました。

09 より環境に優しい行動を促すために、いくつかの製品を再設計してみましょう。

10 先週、PSGはビジネスオーナー向けの費用対効果の高い製品をリリースしました。

正解　1. commercialize　2. launch　3. market　4. differentiate　5. bring　6. promote

コアイメージ

動詞produce「製造する」という意味で使われるようにproductは製造する側の視点での「製品」です。消費者視点での「商品」を指すgoodsとは視点が異なります。

日本語訳と頭文字をヒントに、より自然な
組み合わせになる英単語を入れてみましょう。

---

01 Today, we'd like to discuss key strategies to effectively c_____ a new product.

02 We are super excited to l_____ an all-new product.

03 We will sign contracts with distributors worldwide to m_____ exclusive products.

04 We need a robust strategy to d_____ our products from our competition.

05 What does it take to b_____ an industry-leading product to market?

06 I'm trying to find the right distributor that can p_____ our products online.

07 A new website has been launched to s_____ our breakthrough products.

08 Many electronic equipment manufacturers were seeking to d_____ products overseas.

09 Let's r_____ some products to encourage more eco-friendly behavior.

10 PSG r_____ a cost-effective product for business owners last week.

7. showcase   8. distribute   9. redesign   10. released   →詳細解説は次頁へ

method 02

「相性動詞＋product」の組み合わせ

「製品を売る」の使い分け >> PICK-UP!

OK　一般的な言い方

- **sell** a product　製品を売る
- **release** a product　製品を発売する

much better　世界を唸らせる言い方

1 launch a product
（製品を売り出す）

2 market a product
（製品を市場に出す）

3 bring a product
（製品を投入する）

sellは「お金と商品を交換する」という単純な行為を表しているので、ビジネスシーンで商品にかけたプロセスや意気込みも表現したい場合は、他の動詞を使えると効果的です。

1 launchはまさにロケットの打ち上げのイメージ。製品を市場に送り出す勢いが感じられる単語です。

2 market a productは、「製品を市場に出すにあたり、ネーミングを決め、ターゲットを決めて、そして市場に出す」という、ビジネスシーンにおいて周到なプロセスが含まれてきます。

3 bring a productは「市場になかったものを市場に連れて行く、持ち込む」イメージです。「短文スピーキング」05に見られるように画期的な商品を開発して売り出す時などに使えるとぴったりです。

製品を売り込む

- **push** a product　製品を売り込む
- **hawk** a product　製品を売り込む

どちらも幾分かネガティブなイメージがあり、特にhawkはネガティブなニュアンスが強いです。

others

- **showcase** a product　展示する／紹介する
- **promote** a product　宣伝する／宣伝販売する
- **commercialize** a product　商品化する
- **design** a product　設計する
- **improve** a product　改良する
- **redesign** a product　新たに設計し直す
- **differentiate** a product　差別化する
- **distribute** a product　流通させる／配送させる

commercializeは文脈によっては「利益重視で質を落とす」ネガティブなニュアンスも含まれます。

○「相性形容詞＋product」の組み合わせ

- **exclusive** product　独占的な製品
- **revolutionary** product　革命的な製品
- **cost-effective** product　費用対効果の高い製品
- **all-new** product　全く新しい製品
- **industry-leading** product　業界をけん引する製品
- **breakthrough** product　画期的な製品

method 03　長文スピーキング

1-08,09

これまでに紹介してきた相性動詞・形容詞を使った
文章や会話をスピーキング練習しよう。

スピーチ

Walking down floor 9, I noticed that the whole floor was buzzing with energy, but when I listened closely to the content of some conversations, I heard a lot of **hawking of new products**. While I believe that it's important to educate our consumers, there is no reason to **push products** on them. Using a lower tone of voice projects confidence so that our consumers are more likely to respond. Keep making offers, and thanks for all of your hard work following the product launch.

訳

9階を歩いていると、フロア全体がエネルギーで賑わっていることに気付きました。しかし、会話の内容に耳を傾けていると、私は新製品の売り込みの声をたくさん聞きました。私は消費者を教育することが重要だと信じていますが、製品を売り込む理由はありません。低い声は自信を映し出し、消費者はそれに反応する可能性が高くなります。これらのオファーを続けてください。製品発売に続くあなたたちのすべての苦労に感謝します。

会話

A: Hi, Flora. I heard that you just got back from San Francisco!
B: Yes, Tony. I was there to **promote a new product**.
A: Marketing what?
B: A software called Charey. It is still in its Beta version, but the developers are really close to working out all the bugs.
A: What happens next?
B: I'm still not sure when Charey's beta phase will end, but I am excited to travel back to California to **market this revolutionary product**.
A: What's your next destination?
B: I will stay in Silicon Valley, but I plan to visit smaller towns in the area and meet developers at smaller start-ups.
A: That will be a great experience!

訳

A: やあ、Flora。サンフランシスコから帰ってきたばかりだと聞きました!
B: はい、Tony。新製品を宣伝しに行っていました。
A: 何の?
B: Chareyです。ソフトウェアはまだベータ版ですが、デベロッパーはすべてのバグを解決させるところにきています。
A: 次は何が起こるのですか?
B: いつCharey がベータ版ではなくなるかは定かではないですが、この革新的な製品を売るためにカリフォルニアに戻ることに興奮しています。
A: あなたの次の目的地はどこですか?
B: 私はシリコンバレーに滞在しますが、私は地域の小さな町を訪れ、小さなスタートアップ企業の開発者と会う予定です。
A: それは素晴らしい経験になるでしょうね!

No.4 Success

method 01　method 04　1-10

○ 短文スピーキング

01 我々はあなたが商業的な成功を実現するのを手伝います。

02 私たちの新しいビジネスの成功を吹聴するのは時期尚早です。

03 経営幹部は、会社の成功を自慢したくない。

04 Jonnyは職業で継続的な成功を収めました。

05 お仕事が万事順調にいくようにお祈りいたします。

06 多くの小売業者は、世界最大の小売業者の成功を模倣しようとしています。

07 あなたの成功を賞賛したり、あなたの失敗を無視したりするべきではありません。

08 これはあなたの成功を他の何よりも決定づけます。

09 彼の会社は高度な技術で国際的な成功を収めています。

10 長期的なビジネスの成功を味わいましょう。

正解　1. realize　2. trumpet　3. boast　4. enjoyed　5. wish　6. replicate

コアイメージ

successは「成功」という意味ですが、加えて「成功者」を表す単語でもあります。動詞形のsucceedは「継承する」という意味でもよく用いられるので注意が必要です。

日本語訳と頭文字をヒントに、より自然な組み合わせになる英単語を入れてみましょう。

01 We will help you r_____ commercial success.

02 It is still too early to t_____ the success of our new business.

03 Executives are reluctant to b_____ about the company's success.

04 Jonny has e_____ continued success in his profession.

05 May I w_____ you every success in your work.

06 Many retailers are trying to r_____ the success of the world's largest retailer.

07 You should not g_____ your success and ignore your failings.

08 This will d_____ your success more than anything else.

09 His company has w_____ international success with advanced technology.

10 Let's take time to r_____ in our long-term business success.

7. glorify　8. determine　9. won　10. relish　→詳細解説は次頁へ

method 02
○「相性動詞＋success」の組み合わせ

「成功を収める」の使い分け >> PICK-UP!

OK 一般的な言い方

- **achieve** success　成功を収める
- **gain** success　成功を収める
- **obtain** success　成功を収める
- **realize** success　成功を収める

much better 世界を唸らせる言い方

1 win success
（成功を収める）

2 relish in one's success
（成功を味わう）

3 enjoy success
（成功を手にする／享受する）

achieve successが最も一般的な組み合わせです。achieve/gain/obtain/win/realize successはすべて「ハードワークの結果、成功を手に入れた」というニュアンスを含んでいます。

1 winは「勝つ」の意味がよく知られていますが、「名声、賞賛、人気、成功などを得る、収める」という用法も押さえてください。

2 relish in one's successは「苦難が続いた後に成功が訪れ、その成功を味わう」イメージを持っています。relishには「味わう／楽しむ」という意味があることから理解しましょう（例：I always relish a challenge.）。

3 enjoyも同じような意味を持ちますが、relishよりは少し弱いニュアンスとなります。どちらも成功を手にする瞬間ではなく、成功を収めた後に訪れる時間を嗜んでいるようなイメージと考えましょう。

成功をもたらす

- **build** success　築き上げる
- **inspire** success　もたらす
- **generate** success　生み出す
- **yield** success　もたらす
- **bring** success　もたらす

inspireは「勇気を与える」ニュアンスを持っていますが、generate/yield/bringはそれに比べてドライで結果にフォーカスしています。例えばスピーチでinspireを使うと、より感情豊かないきいきとした躍動感が出るでしょう。

成功を褒める

- **celebrate** success　称える
- **praise** success　褒める
- **trumpet** the success　褒め称える／吹聴する
- **boast about** success　自慢する
- **glorify** success　賞賛する

boast aboutはbe proud ofと意味が重なる部分もありますが、より「鼻にかけている」ことが強調されます。trumpetは楽器のイメージから「大きな声で知らしめる」ニュアンスです。

others

- **determine** success　左右する／決定づける
- **guarantee** success　保証する
- **envy** success　ねたむ
- **replicate** success　倣う／模倣する

replicateは「レプリカ」から想像しましょう。ラテン語の「繰り返した」という原義があります。

○「相性形容詞＋success」の組み合わせ

驚きのある成功	堅実性の高い成功
tremendous success　驚異的な成功	monumental success　記念碑的な成功
phenomenal success　驚異的な成功	substantial success　大きな成功
astonishing success　驚異的な成功	solid success　堅実な成功
impressive success　見事な成功	continued success　継続的な成功

method 03 🎧 1-11,12

○ 長文スピーキング

> これまでに紹介してきた相性動詞・形容詞を使った
> 文章や会話をスピーキング練習しよう。

スピーチ

First, I want to thank everyone for coming to our annual gala this evening. I'd like to raise a glass to every one of you who have helped **build this year's success**. This evening is dedicated to **celebrating that success**. Thank you for all of your hard work this year, making Henderson and Son the number one train car provider in the western United States. We are excited to continue growing and planning on opening our first European office in Paris in the spring. Please help yourselves to complimentary drinks and snacks. The food service and entertainment will follow shortly.

訳

まず、今晩私たちの年次祭に来てくださり感謝したいと思います。今年の成功を手助けしてくれた1人ひとりに祝杯したいです。そして今晩はその成功を称えるためにあります。今年、あなた方が一生懸命働き、Henderson and Sonを米国西部のトップの列車プロバイダーにしてくれて、ありがとうございました。私たちは、成長と春にパリで最初のヨーロッパ事務所を開設する計画を続けることができることに興奮しています。無料のドリンクや軽食をお楽しみください。この後、食事の提供とエンターテイメントが続きます。

会話

A: Hi, Sam. Are you excited for your business trip to Dubai next week?
B: I sure am, Fred. I am looking forward to the conference.
A: How is your presentation?
B: It's not quite finished, but I have time before next Wednesday. I am still working on inventing realistic problem-solving scenarios for a group activity. I want to make my workshop as engaging as possible for the participants.
A: Oh, Sam. I've always **envied your success**, but now I see that staying calm and focused is a big part of it.

訳

A: こんにちは、Sam。来週のドバイへの出張は楽しみですか？
B: もちろんです、Fred。私はカンファレンスを楽しみにしています。
A: プレゼンテーションの準備はどうですか？
B: まだ完全に終わっていませんが、次の水曜日までに時間があります。グループアクティビティで行う、現実的な問題解決シナリオの作り込みにまだ取り組んでいます。参加者にとってワークショップをできるだけ魅力的なものにしたいと思っています。
A: ああ、Sam。私はいつもあなたの成功を羨ましいと思ってきましたが、落ち着き集中することがその大きな要因だと私は今わかりました。

No.5　Customer

method 01　method 04　1-13

○ 短文スピーキング

01 日本エレクトロニクスは、かつてのひいき客を競争相手から引き戻すために価格を引き下げる。

02 裕福なお客様を得るために、ゆったりとしたクルーズに注力していきます。

03 潜在的な顧客を引き寄せるためには、感情的なつながりを構築することが重要です。

04 オンラインマーケティングを通じて、より多くの顧客を引きつけるのはどうでしょうか？

05 あなたのビジネスが貴重な顧客を保持できる重要な方法をいくつか紹介します。

06 優れたリーダーは、顧客を喜ばせることを考え続けることをやめません。

07 本当のニーズを理解していないと効果的に顧客を育てることはできません。

08 そのウェブ広告は、新しい顧客を増やすことを意図していました。

09 新規客を生涯顧客に変えていくことに努力を注ごう。

10 私たちは現在、レストランに繰り返し訪れる忠実な顧客を獲得しようと考えています。

正解　1. win　2. woo　3. reel　4. attracting　5. retain　6. delight

コアイメージ

customerは物やサービスを購入する人を指します。個人商店や百貨店の客、メーカーがターゲットにする客まで幅広く使われます。clientは「依頼客」、guestはパーティーなどの「招待客」、visitorは「訪問客」です。

日本語訳と頭文字をヒントに、より自然な組み合わせになる英単語を入れてみましょう。

01 Japan Electronics will cut prices in a move to w_____ back once-loyal customers from competitors.

02 In a bid to w_____ affluent customers, we will focus more on leisure cruises.

03 Building an emotional connection is important when looking to r_____ in potential customers.

04 What about a_____ more customers through online marketing?

05 Here are some key ways that your businesses can r_____ valuable customers.

06 Talented leaders don't stop thinking of how to d_____ their customers.

07 You cannot effectively n_____ your customers if you do not understand their real needs.

08 The web advertisement was meant to d_____ up new customers.

09 Pour more effort in turning first time shoppers into l_____ customers.

10 We now look to a_____ loyal customers who come to our restaurants again and again.

7. nurture   8. drum   9. lifetime   10. acquire   →詳細解説は次頁へ

method 02

○「相性動詞＋customer」の組み合わせ

「客を獲得する」の使い分け >> **PICK-UP!**

OK 一般的な言い方

- **gain** customers　客を獲得する
- **acquire** customers　客を獲得する
- **attract** customers　客を呼び込む

much better 世界を唸らせる言い方

1 reel in customers
（客を引き寄せる）

2 woo customers
（客を引き付ける）

3 drum up customers
（客を獲得する）

acquireは頻出ビジネス英単語で、「ビジネス上価値のあるものや大切なものを獲得する」際に使われます。

1　reelは「釣り道具のリール」から想像がつくように、相手をたぐり寄せるイメージです。

2　wooは元々は「求婚する」という意味です。ですからビジネスシーンで使う場合は、「ある客にターゲットを定め、獲得する」ニュアンスを持ちます。不特定多数ではなく小売り店舗の客など特定の客をターゲットにしたシーンで使われることが多いです。attractも同じような意味ですが、必ずしも努力が伴っているわけではありません。

3　drum upは「あの手この手で試行錯誤して指示や取引、客を獲得する」ニュアンスがあります。drum up businessで「事業を起こす」という意味で使われることもあります。

客を維持する

- **keep** customers　維持する
- **retain** customers　維持する
- **maintain** customers　維持する

others

- **satisfy** customers　満足させる
- **land** customers　獲得する
- **understand** customers　理解する
- **delight** customers　喜ばせる
- **nurture** customers　育てる
- **win back** customers　引き戻す
- **educate** customers　教育する

win customers「客を得る」という言い回しもあわせて覚えておきましょう。

○「相性形容詞＋customer」の組み合わせ

- **brand-new** customers　新規客
- **potential** customers　潜在客
- **loyal** customers　ひいきの客
- **regular** customers　常連客
- **key** customers　上得意客
- **valuable** customers　大切な客
- **repeat** customers　リピーター客
- **lifetime** customers　生涯客
- **high-end** customers　高級志向客
- **big** customers　大口客
- **existing** customers　既存客
- **affluent** customers　裕福な客
- **newly acquired** customers　新規獲得客

method 03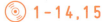

長文スピーキング

これまでに紹介してきた相性動詞・形容詞を使った
文章や会話をスピーキング練習しよう。

スピーチ

As our company grows and develops, I cannot emphasize enough how important it is to **nurture newly acquired customers**. We must show them that their business matters a great deal to us. We must treat them as though they are our dearest friends or the most beloved members of our family. Currently our sales personnel are away at a three-day-long training seminar in New York to gather new ideas and improve their skills. You all are scheduled for a training in the next three months, and I am looking forward to sharing ideas on how we can not only **attract** but also **retain new customers** by turning them into long-term clients.

訳

私たちの会社は成長し発展しているので、私は新規獲得顧客を育成することがいかに重要であるかを強調してもしすぎることはありません。私たちは、彼らのビジネスが私たちにとっても大事なことを示す必要があります。私たちは、彼らを私たちの親愛なる友人であり、家族の最も愛する一員であるように扱わなければなりません。現在、営業担当は新しいアイデアを集め、スキルを向上させるために、ニューヨークで3日間にわたる研修セミナーを受講しています。皆さんはこれから3ヵ月でトレーニングを受けます。私は、新しい顧客を引きつけるだけでなく、長期的な顧客に変えて維持する方法についてアイデアを共有できることを楽しみにしています。

会話

A: Hi, Jack. Great job closing that sale this morning. You **landed a big customer**!
B: Thanks, Mary. It was my biggest sale this month.
A: You are really good at what you do, and I was wondering if you could show me some strategies that I can employ to **woo new customers**.
B: Sure thing, Mary. I learned that trying to **educate the customer** about our whole product line is not conducive to the attention spans of many people. The most effective strategy, I find, is to make personalized recommendations. I can show you how to do that sometime.
A: That would be great! Thanks, Jack.

訳

A: こんにちは、Jack。今朝の販売のクロージングは素晴らしい仕事でしたね。大口客を獲得しましたね!
B: ありがとう、Mary。今月の一番大口の売上となりました。
A: あなたは本当にうまくやりますね。新しい顧客を引きつけるために私が採れる戦略を教えてもらえませんか?
B: もちろんだよ、Mary。私は、私たちの全製品ラインについて客に教えこもうとすることは、多くの人々の注意を引くのに役立たないことを学びました。私が見つけた最も効果的な戦略は、個人に合わせた提案をすることです。あなたにいつかそれをする方法を教えることができますよ。
A: それは素晴らしい! ありがとう、Jack。

No.6 | Strategy

method 01　method 04　1-16

○ 短文スピーキング

01 私たちは新しい組織との新たなグローバル戦略に着手した。

02 新しい従業員は私たちの経営戦略を把握するためにさらに時間が必要である。

03 そのマネージャーは経費削減戦略を採用することを決めた。

04 私たちはどのようにして新しい戦略を資金調達計画に組み込めるだろうか？

05 うまくいっていないのなら、なぜ販売戦略を見直さないのですか？

06 あなたのチームは長期目標を達成するための持続可能な戦略を作ることが求められている。

07 あなたの上司は国際協力開発についての実現可能な戦略について触れましたか？

08 そのマネージャーは明確な戦略や活動計画を述べることができなかった。

09 私たちは規模の経済から利益を得るために、マルチブランド戦略を採用しようと討論している。

10 私たちは顧客により良いサービスを提供するために戦略を磨き続けている。

正解　1. embarked　2. grasp　3. embrace　4. incorporate　5. revise　6. chart

> **コアイメージ**
>
> 元々は「指揮能力」という原義があるstrategyは軍事的な文脈はもちろんビジネスの現場でも頻出の外せない単語です。可算名詞としても不可算名詞としても使われます。

> 日本語訳と頭文字をヒントに、より自然な
> 組み合わせになる英単語を入れてみましょう。

01 We have e_____ on a new global strategy with a new organization.

02 New employees need more time to g_____ our administrative strategies.

03 The manager has decided to e_____ a cost-cutting strategy.

04 How can we i_____ the new strategy into fundraising plans?

05 Why don't you r_____ the sales strategy if you are struggling?

06 Your team is advised to c_____ a sustainable strategy for achieving long-term goals.

07 Has your boss a_____ a feasible strategy for international partnership development?

08 The manager failed to e_____ a clear strategy or action plan.

09 We are about to h_____ out a multi-brand strategy to benefit from economies of scale.

10 We are constantly h_____ strategy to provide better services for our clients.

7. articulated   8. enunciate   9. hammer   10. honing   →詳細解説は次頁へ

method 02

○「相性動詞＋strategy」の組み合わせ

「戦略を立てる」の使い分け >> **PICK-UP!**

👌 OK 一般的な言い方

- **develop** a strategy　戦略を立てる
- **plan** a strategy　戦略を巡らす／戦略を考える

👍 much better 世界を唸らせる言い方

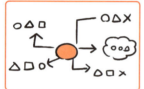

1 **chart[map out]** a strategy
（戦略を立案する）

2 **hammer out** a strategy
（戦略を打ち出す／徹底的に討論する）

3 **elaborate** a strategy
（戦略を練る）

1 chartとは図表のことを指すので「戦略を図表にするように立てていく」イメージを持つと、理解しやすいでしょう。map out a strategyも同じく、「地図を描いていくように戦略を立てる」イメージで考えてください。

2 hammer outは、「ハンマーで金属をたたいて形を作る」という意味を持っていることから、何度も何度も議論を重ねながら生み出していくイメージです。hammer out a planやhammer out a policyというケースでも使われます。

3 elaborateは動詞として2つの意味を持ちます。1つは、「詳細に説明をする」、もう1つは「細部まで作り込む」という意味です。ですから、elaborate a strategyになると、「戦略を細部まで丁寧にきっちりと作り込んでいく」意味合いとなります。

他の表現
- **plot** a strategy　練る
- **formulate** a strategy　策定する
- **devise** a strategy　考え出す／策定する

戦略を導入する

- **adopt** a strategy　導入する
- **incorporate** a strategy　導入する
- **embrace** a strategy　採用する

adoptはその戦略を採用して、行動に移すところまでが意味に含まれます。incorporateは「既存のフレームワークに新しい戦略を織り込んでいく」ニュアンスを持ちます。embraceは熱意がこもっており、喜んで採用している意志が伝わります。

others

- **hone** a strategy　磨きをかける
- **revise** a strategy　見直す
- **grasp** a strategy　把握する
- **embark on** a strategy　着手する
- **develop** a strategy　作る
- **pursue** a strategy　追求する
- **articulate** a strategy　明示する／明確にする
- **enunciate** a strategy　表明する／明確に述べる

embarkには「乗船する」という意味があります。launchと同様、その「初動」に重きが置かれる表現です。

○「相性形容詞+strategy」の組み合わせ

- **administrative** strategy　経営戦略
- **cost-cutting** strategy　経費削減戦略
- **sustainable** strategy　持続可能な戦略
- **feasible** strategy　実現可能な戦略
- **clear** strategy　明確な戦略
- **multi-brand** strategy　マルチブランド戦略
- **appropriate** strategy　適切な戦略

method 03 1-17, 18

長文スピーキング

これまでに紹介してきた相性動詞・形容詞を使った
文章や会話をスピーキング練習しよう。

スピーチ

I would like you all to direct your attention to the screen. Here you will see a series of pie charts. Our goal today is to look at these charts and **devise an appropriate strategy** to deal with the most pressing issues. First, looking at the chart on the left, we can see that our expenditures still surpass revenues. We have been able to stay in business due to support from several venture capitalist firms, but we need to **develop a strategy** to hit a target of 50 million unique users this year to start generating returns for our investors and to attract new capital.

訳

皆さんの注意をスクリーンに向けていただきたいと思います。ここにいくつかの円グラフが表示されます。私たちの今日の目標は、これらのグラフを見て、最も緊急な問題に対処するための適切な戦略を策定することです。まず、左のグラフを見ると、支出がまだ収入を上回っていることがわかります。私たちはいくつかのベンチャーキャピタル企業の支援のおかげでビジネスを続けることができてきましたが、今年は5,000万人のユニークユーザーをターゲットにして、投資家のために収益を生み出し、新しい資本を引きつけるための戦略を作る必要があります。

会話

A: Hello, Lindsey. Thank you for taking the time to meet with me today.
B: It's nice to meet you, Frank. What do you have for me?
A: During our time today, I would like to tell you more about my idea and **articulate my business strategy**. My company is looking to become the leader in outdoor backpacks. We already developed a very lightweight design with incredible back support, allowing the customer to carry anywhere from 5-60 kg with ease.
B: What can you tell me about your competition?
A: Our product is superior due to its unique frame design, allowing the user to carry much more and for longer distances. There are many durable backpacks out there, but we are the only company **pursuing a strategy** to offer lifetime warranty and free repairs. Our **business strategy** is to offer the highest quality products, build a brand, and attract and keep loyal customers.

訳

A: こんにちは、Lindsey。今日は私と会う時間をとってくれてありがとう。
B: お会いできて嬉しいです、Frank。どうしたのですか？
A: 今日は、私のアイデアについて詳しく説明し、ビジネス戦略を明確にしたいと思います。私の会社は、アウトドアバックパック分野においてのリーダーになることを目指しています。すでにとても素晴らしい背部サポートを備えた非常に軽量なデザインを開発しました。それによって50-60キロのものを簡単にどこにでも持ち運びすることができるようになりました。
B: あなたたちの競合商品について教えてください。
A: 独特なフレームデザインによって、ユーザーはより多くの距離でもより多くの荷物を持ち運びできるので私たちの製品は他より優れています。巷には多くの耐久性のあるバックパックがありますが、私たちは生涯保証と無料修理を提供する戦略を実行している唯一の会社です。私たちのビジネス戦略は、最高品質の製品を提供し、ブランドを構築し、忠実な顧客を引きつけ、維持することです。

No.7 Market

method 01 | method 04 | 1-19

○ 短文スピーキング

01 グローバルマーケットを独占する試みの一環として、G-Mobileは強気な価格設定を行った。

02 私たちはあなたの企業がアジアのマーケットへ進出することをお手伝いできるのを、とても嬉しく思っています。

03 私たちは海外に市場を開拓することを目指しています。

04 新しい市場へ参入するために、特別なブランドを作るのはどうでしょうか？

05 新たな市場へ参入する前に、私たちの現在の顧客のニーズを理解してください。

06 東京に本社を置く山田科学は5年ほど前に市場に参入した。

07 より多くの資産をポートフォリオへ投入することによって、市場を再活性化することができる。

08 私はMohammadに成長の著しいインド市場へ参入するための助言を求めた。

09 私たちは新製品によって市場へ割って入るための一貫した戦略を持っている。

10 私たちは新車の発表が市場を刺激し、多くの顧客を引きつけることを願っている。

正解　1. corner　2. advance　3. cultivate　4. exploit　5. expand　6. broke

コアイメージ

語源はラテン語で「商い」という意味のmercātūsからきています。様々な商品や情報が大勢の人の間でやり取りされる場所というイメージがあります。

日本語訳と頭文字をヒントに、より自然な組み合わせになる英単語を入れてみましょう。

01 In an attempt to c_____ the global market, G-Mobile introduced predatory price plans.

02 We are very happy to help your company to a_____ into the Asian market.

03 We are looking to c_____ a market abroad.

04 Why don't we launch a premium brand to e_____ a new market?

05 Understand the needs of our current customers before we e_____ into a new market.

06 Yamada Chemical, a Tokyo-based company, b_____ into the market about five years ago.

07 By adding more properties to our portfolio, we can r_____ the market.

08 I consulted Mohammad for advice on how to t_____ into the burgeoning market in India.

09 We have a coherent strategy on how to p_____ the market with a new product.

10 We hope new car launches will e_____ the market and attract many customers.

7. reinvigorate   8. tap   9. penetrate   10. excite   →詳細解説は次頁へ

063

method 02

○「相性動詞＋market」の組み合わせ

「マーケットに参入する」の使い分け >> **PICK-UP!**

👌 OK 一般的な言い方

- **participate in** a market　マーケットに参画する
- **enter into** a market　マーケットに参入する

👍 much better 世界を唸らせる言い方

1 break into a market
（マーケットに参入する）

2 tap into a market
（マーケットに参入する）

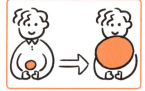
3 invent[create] a market
（マーケットを創出する）

1 まず、「ここぞ」というところで使っていただきたいのがbreak into a market。アグレッシブで強い語感を持っています。breakする必要があるということで、「マーケットにはすでに強豪が存在していて、そこに割って入っていく」イメージです。話者の決意が感じられ、同時に努力を要することも伝えられる効果的な言い回しです。

2 一方で、tap intoは、「まだ開拓されていないマーケットを見つけてそのマーケットを切り拓いていく」イメージ。break intoほどのアグレッシブさはありません。

3 inventは「ゼロからマーケットを作り上げていく」ニュアンスを持ちます。create a marketはinventと近い意味を持ちます。

他の表現
- **advance into** a market　進める
- **expand into** a market　参入する

マーケットを拡大する

- **expand** a market　拡大する
- **grow** a market　拡大する
- **enlarge** a market　拡大する
- **develop** a market　開拓する
- **cultivate** a market　開拓する
- **exploit** a market　開発する

developを使うと「ゼロからマーケットをスタートして、さらに大きく成長させていく」プロセスを表現できます。exploitは「自分の経済的な利益のために」という意味が含まれているのでネガティブな意味として捉えられます。多義語で「〜を不当に利用する／つけこむ」といった意味も持ちます。

マーケットを独占する

- **corner** a market　独占する
- **dominate** a market　独占する
- **take over** a market　奪う
- **capture** a market　獲得する

others

- **eliminate** a market　消滅させる
- **penetrate** a market　浸透する／割って入る
- **boost** a market　後押しする
- **excite** a market　湧かせる／刺激する
- **eye** a market　視野に入れる
- **go after** a market　狙う
- **reinvigorate** a market　再活性化する

○「相性形容詞+market」の組み合わせ

ポジティブ	ネガティブ
extensive market　広大なマーケット	depressed market　沈黙市況
fast-growing market　急成長のマーケット	dull market　活気のないマーケット
burgeoning market　成長の著しいマーケット	sluggish market　鈍調市況
sustainable market　持続可能なマーケット	easy market　緩慢なマーケット

others

- **senior** market　シニアマーケット
- **energy** market　エネルギーマーケット

method 03　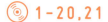

○ 長文スピーキング

> これまでに紹介してきた相性動詞・形容詞を使った
> 文章や会話をスピーキング練習しよう。

スピーチ

Today we are going to talk about how to **go after the senior market**. First, it is important to understand that seniors look for a product that is functional and simple to use. We need to focus on creating a user-friendly interface with integrated support. Our clients need to feel comfortable with the product and not be overwhelmed by too many features. We need to keep our focus on the user and prioritize simplicity. Additionally, our sales techniques need to be more attentive and less aggressive when we **cultivate this market**. We must be patient and understanding.

訳

今日はシニアマーケットを狙う方法について話し合うつもりです。まず、高齢者は機能的で使いやすい製品を探していることを理解することが重要です。我々は、統一されたサポートでユーザーフレンドリーなインターフェースを作成することに焦点を当てる必要があります。当社の顧客は、製品を快適に使う必要があり、あまりにも多くの機能に圧倒されるようなことは必要はありません。私たちはユーザーに焦点を当て、シンプルさを優先させる必要があります。さらに、このマーケットを開拓する際には、当社のセールステクニックはより注意深く、攻撃的であってはなりません。私たちは辛抱強く、理解深くなければなりません。

会 話

A: Nick, have you noticed that our transportation costs decreased by 5% last week?
B: Yes, I've been **eyeing the world's growing energy market**.
A: Do you think transportation costs are going down due to increased competitiveness of the alternative energy industry with the oil sector?
B: I believe it is too soon to tell. While we were able to generate a lot of energy using wind turbines in the north, alternative energy resources are nearly non-existent in the south.
A: How about globally?
B: Alternative energy development has seen some major strides in the past decade, but it still has long ways to go to be able to generate enough power to **take over the entire energy market**.

訳

A: Nick、先週の輸送費が5％減ったことに気付いていましたか？
B: はい、私は世界の成長するエネルギーマーケットを視野に入れてきました。
A: 石油業界に代わるエネルギー産業の競争の激化により輸送コストが低下していると思いますか？
B: まだどうかはわからないと思う。北部の風車を使用して多くのエネルギーを作ることができましたが、代替エネルギー資源は南部にはほとんど存在しません。
A: 世界的にはどうでしょう？
B: 過去10年間で代替エネルギー開発に大きな進歩が見られましたが、エネルギー市場全体を取って代わるほどの十分なエネルギーを生み出すには、まだ時間がかかります。

No.8 | Progress

method 01　method 04　1-22

○ 短文スピーキング

01	会社がイノベーションできないことは進歩を妨げるだけです。
02	新しい変化を迅速に実施することで、進歩を加速することができます。
03	従業員を鼓舞する偉大なリーダーだけが健全な進歩を促進することができます。
04	Suzanneはリーダーシップの独裁的なスタイルが彼女の進歩を妨げたと感じました。
05	事業が大幅に進展するには、大幅な変更が必要です。
06	私は過去四半期に遅々とした進展しかしてこなかったことを指摘したいと思います。
07	会計年度の終わりに、財務部は常に進捗状況を評価します。
08	進歩を確実にするためには、すべての従業員が毎日100%を費やさなければなりません。
09	副会長は、私たちが新しい音声言語ソフトウェアの進歩を証明することを見たいと思っています。
10	株主を満足させ続けるためには、企業は進歩を維持しなければなりません。

正解　1. hinders　2. accelerated　3. facilitate　4. encumbered　5. realize　6. made

コアイメージ

progressは「設定した目標に向かって着実に遂げていく進歩や進展」を指す単語で、不可算名詞で使われます。

日本語訳と頭文字をヒントに、より自然な組み合わせになる英単語を入れてみましょう。

01 The company's inability to innovate only h_____ progress.

02 With swift implementation of new changes, progress can be a_____.

03 Only great leaders who inspire their employees can f_____ sound progress.

04 Suzanne felt that a dictatorial style of leadership e_____ her progress.

05 Substantial changes need to be made before the business can r_____ substantial progress.

06 I would like to point out that we only m_____ glacial progress in the past quarter.

07 At the end of the fiscal year, the financial department always a_____ progress.

08 In order to e_____ progress, every employee must give 100% every day.

09 The vice president would like to see us d_____ the progress we have made on the new speech software.

10 In order to keep the shareholders satisfied, a corporation must m_____ progress.

7. assesses　8. ensure　9. demonstrate　10. maintain　→詳細解説は次頁へ

method 02

○「相性動詞＋progress」の組み合わせ

「進歩する」の使い分け　>> PICK-UP!

OK　一般的な言い方

- **make** progress　進歩を遂げる
- **achieve** progress　進歩を遂げる

much better　世界を唸らせる言い方

1 facilitate progress
（進歩を促す）

2 further progress
（進歩を促進する）

3 yield progress
（進歩をもたらす）

1 facilitateとfurtherは同じような意味を持っていますが、facilitateは「助ける」というニュアンスで、「進歩を支えながら促していく」ようなイメージを持つといいでしょう。ファシリテーターは物事の進行などをスムーズに促進する人ですから、そのイメージを当てはめるとわかりやすいと思います。

2 furtherは、「道に沿って進めていく」ニュアンスなので、further progressは「進歩の道筋を順調に進むように促す」ようなイメージとなります。

3 yieldは「作物を生産する」という意味で使われることがあるように、「進歩のタネをまいてそれが育つのを見守る」イメージで使いましょう。

進歩を妨げる

- **obstruct** progress　妨げる
- **hinder** progress　妨げる
- **encumber** progress　妨げる
- **impede** progress　妨げる

obstructの原義は「〜に逆らって建てる」。つまり「進歩の道筋に障害物を置く」イメージです。hinderは「進歩の速度を遅くさせる」イメージで使い分けるといいでしょう。encumberは負担を相手に与えることで身動きが取りづらくなるようなニュアンスを持っていますが、impedeは単純に「物理的な妨害をする」という意味です。

進歩を確認する

- **acknowledge** progress　認める
- **assess** progress　評価する
- **identify** progress in　（〜における進展を）確認する
- **verify** progress　確認する
- **review** progress　振り返る
- **track** progress　追跡する
- **monitor** progress toward　（〜に向けた進展を）監視する

others

- **foster** progress　助長する
- **accelerate** progress　速める
- **contribute to** the progress of　（〜の進展に）貢献する
- **speed up** progress　加速する
- **maintain** progress　維持する
- **ensure** progress　保証する／確実にする
- **realize** progress　実現する
- **demonstrate** progress　証明する

○「相性形容詞＋progress」の組み合わせ

大きな進歩・急速な進歩	反対
sufficient progress　十分な進歩	insufficient progress　不十分な進歩
substantial progress　実質的な進歩	flimsy progress　薄っぺらい進歩
great progress　大きな進歩	little progress　ほとんど進歩しない
tremendous progress　大きな進歩	slight progress　わずかな進歩
great deal of progress　大きな進歩	not much progress　わずかな進歩
impressive progress　目覚ましい進歩	unimpressive progress　印象的ではない進歩
amazing progress　目覚ましい進歩	unglamorous progress　魅力のない進歩
remarkable progress　顕著な進歩	unremarkable progress　目立たない進歩
rapid progress　急速な進歩	glacial progress　遅々とした進歩
swift progress　急速な進歩	day-to-day progress　日々の進歩
considerable progress　かなりの進歩	insubstantial progress　ごくわずかな進歩
順調な進歩	反対
solid progress　着実な進歩	tenuous progress　希薄な進歩
steady progress　着実な進歩	unsteady progress　不安定な進歩
sound progress　健全な進歩	unsound progress　不安定な進歩

method 03　1-23,24

〇 長文スピーキング

これまでに紹介してきた相性動詞・形容詞を使った
文章や会話をスピーキング練習しよう。

スピーチ

Hi James, I am calling you to inform you of some changes which are about to take place that affect you as the office manager. The recruitment team is working very hard in cooperation with human resources to find new talent to **speed up progress** in product development. We have been able to **achieve swift progress** in hiring, with 7 new experts starting next week. Please note that you will have some extra administrative duties with the increase in staff.

訳

こんにちは、James。オフィスマネージャーとしてのあなたに影響を与えるであろういくつかの変更をお知らせするために、あなたに電話をしています。採用チームは、人事部と協力しながらとても努力して、商品開発において進展を加速できる新しい才能を見つけようとしています。私たちは採用において迅速な進歩を達成し、来週から当社に来る7人の新しい専門家を雇いました。新しいスタッフの数が増えているため、あなたの側で管理業務が増えることを予測しておいてください。

会話

A: Kelly, I always see you so relaxed. How are you able to get so much done in such a short period of time without getting overwhelmed?

B: I have a few strategies, Bob, but my most important one is to keep a daily log of my activities. I record what has been done and what still needs to be taken care of. That's how I **maintain day-to-day progress**.

A: That's really helpful, Kelly. What tools do you use to track your tasks?

B: I put everything in my calendar and schedule tasks in blocks. I keep one to-do list, organized into categories. This helps me **track progress**. I vary tasks to keep my work day interesting.

A: Thanks, Kelly! I'll definitely give those strategies a try.

訳

A: Kelly、あなたはいつもとてもリラックスしているように見えるね。あなたは圧倒されることなく、どうやってそんなに短い時間でたくさんのことをこなすができるの？

B: Bob、私はいくつかの戦略を持っていますが、最も重要なのは、毎日の活動記録を続けることね。何が終わったのか、まだ何をする必要があるのかを記録します。それが私の日々の進歩を続ける方法なの。

A: それは本当に役立つね、Kelly。タスクを追跡するためにどのツールを使用してるの？

B: 私はいつも私のカレンダーを利用し、仕事をブロックでスケジュールします。私はカテゴリにまとめられた1つのTO DOリストを持っているの。それが進展を追う助けになるの。私は仕事を面白く保つために仕事に変化を加えているのよ。

A: ありがとう、Kelly! 絶対その戦略を試してみるよ。

No.9 Information

method 01　method 04　1-25

○ 短文スピーキング

01 この会議の目的は、利用可能なすべての情報源からのあらゆる情報を集約することです。

02 理事会メンバーの1人を削除することを正当化するのに十分な情報を収集することは容易ではありませんでした。

03 研究チームは利用可能なすべての情報を報告書に収集してまとめた。

04 このファイルには、企業の代替エネルギーへの切り替え計画に関する詳細情報が記載されています。

05 新しいインターンは速やかに情報をまとめ、吸収しました。

06 彼の役割は重要な情報だけを集めてプレゼンテーションに入れることでした。

07 このファイルには、プロジェクトの開始に必要なすべての情報が含まれていますか？

08 新しいソフトウェアは情報をより速くスキャンすることができます。

09 このアプリケーションは、すべての従業員が情報を共有できるようにします。

10 パフォーマンスを向上させるために、上司からの情報やフィードバックを引き出すことが重要です。

正解　1. aggregate　2. garner　3. compiled　4. carries　5. absorb　6. glean

コアイメージ

informationは「情報」という意味で、不可算名詞で使われます。初級レベルでシンプルな意味の単語だからこそ色々な動詞や形容詞と結びつき応用を効かせることができます。

日本語訳と頭文字をヒントに、より自然な
組み合わせになる英単語を入れてみましょう。

01 The purpose of this meeting is to a_____ every piece of information from all available sources.

02 It was not easy to g_____ enough information to justify removing one of the board members.

03 The research team c_____ all available information into a report.

04 This file c_____ detailed information about the company's plans to switch to alternative energy.

05 The new intern was quick to adjust and a_____ information.

06 His job was to g_____ only the important information and put it into a presentation.

07 Will this file c_____ all the necessary information for us to get started on the project?

08 The new software will be able to s_____ information more quickly.

09 This application will allow all the employees to s_____ information.

10 It is critical to e_____ information and feedback from supervisors to improve performance.

7. contain   8. scan   9. share   10. elicit   →詳細解説は次頁へ

075

method 02

○「相性動詞+information」の組み合わせ

「情報を集める」の使い分け >> **PICK-UP!**

👌 OK 一般的な言い方

- **gather** information　情報を集める
- **collect** information　情報を集める

👍 much better 世界を唸らせる言い方

1 **aggregate** information
（情報を集める）

2 **compile** information
（情報を収集する）

3 **glean** information
（少しずつ情報を集める）

まず、gather informationには「あらゆるところからとにかく情報を集める」、collect informationには、「関連のあるものに絞りながら情報を集めていく」ニュアンスがあります。明確な違いを押さえておきましょう。後者のほうが、より冷静な分析をしたうえで集める印象を与えるので、ビジネスシーンではふさわしいでしょう。

1 aggregate informationは「色々なところからの情報を1つにまとめながら集めていく」イメージです（例：We aggregated data collected across several countries to produce the new global index.）。

2 さらに、compile informationは技術的なシーンで使われることが多く、情報をただ集めるだけでなくソフトウェアで分析したりするために集めるニュアンスを持ちます（例：We compiled information in a report that was published last May.）。

3 最後に、glean informationは「ゆっくりと注意深く情報を集めている」シーンで使われることが多いです。

他の表現
- **garner** information　集める

情報を伝える／広める

- **deliver** information　伝える
- **disclose** information　開示する
- **disseminate** information　広める
- **feed** information　流す
- **share** information　共有する
- **furnish** information　提供する
- **transmit** information　発信する

情報を処理する

- **analyze** information　分析する
- **calculate** information　計算する
- **classify** information　分類する
- **enter** information　入力する
- **process** information　処理する
- **scan** information　スキャンする

others

- **carry** information　保有する
- **absorb** information　吸収する
- **access** information　利用する
- **contain** information　含む
- **find** information　見つける
- **exchange** information　交換する／やりとりする
- **bring** information　もたらす
- **assess** information　判断する
- **elicit** information　引き出す
- **store** information　記憶する

elicitは元々「潜在的なものを顕在化させる」というかたい語感の単語です。

○「相性形容詞＋information」の組み合わせ

- **detailed** information　詳細な情報
- **every piece of** information　あらゆる情報
- **extensive** information　広範囲な情報 ⇔ **fragmentary** information　断片的な情報
- **specific** information　具体的な情報 ⇔ **vague** information　曖昧な情報
- **anonymous** information　匿名の情報 ⇔ **personal** information　個人情報
- **pertinent** information　関連情報／役に立ちそうな情報
- **meaningful** information　有意義な情報
- **available** information　利用可能な情報

method 03　長文スピーキング

1-26, 27

> これまでに紹介してきた相性動詞・形容詞を使った
> 文章や会話をスピーキング練習しよう。

スピーチ

Hello, everyone. Below you will find a recent email from our CEO. The email is the request to all branches of the financial department to submit their records and **share information** for a company-wide audit. The aim of this task is to **compile detailed information** from our financial records for the federal tax collections bureau to review and ensure compliance with current tax regulations. There should be no cause for alarm. The federal agency's action is not a response to tax evasion; it is merely a random check to ensure that the proper procedures are followed. Thank you, all, for your cooperation.

訳

皆さん、こんにちは。以下は、CEOからの最近のメールです。このメールは、すべての支店の財務部門に対し、全社監査のための記録を提出して情報を共有するよう求めるものです。この仕事の目的は、現在の税務規則の遵守を確認するために、連邦税務局が検討する財務記録の詳細情報を作成することです。何も警戒すべきものはないでしょう。連邦政府機関の行為は脱税への対応ではなく、適切な手続きが確実に行われることを保証するための単なる確認です。ご協力いただきありがとうございます。

会話

A: Frances, I have a new project in mind. Do you have some spare time this week?
B: Possibly, but can you tell me a little bit more about it?
A: It's a long-term project that involves **gleaning every piece of information** about our donors from our databases and other accessible sources.
B: Sounds like a lot of work. Who else is going to be involved **in the information gathering process**?
A: I am currently looking to compile a team of three data-mining experts, and I contacted you first, Frances, since you're the best we've got.
B: Well, thanks, Greg. I will take a look at my calendar for next week and get back to you with my answer by tomorrow.

訳

A: Frances、私が構想中の新しいプロジェクトがあります。今週、時間はありますか？
B: おそらくね。もう少し詳しく教えてもらえますか？
A: 長期的なプロジェクトで、データベースやその他のアクセス可能な情報源から、寄付者に関するあらゆる情報を集めることです。
B: 幅の広い話ですね。情報収集の過程で他に誰が関与する予定ですか？
A: 私は現在、3名のデータマイニングの専門家でチームを編成したいと考えています。Frances、あなたがそれを得意としていることから、最初にあなたに連絡しました。
B: まあ、ありがとう、Greg。私は来週のカレンダーを見て、明日までにお返事します。

No.10 Competition

method 01 | method 04 | 1-28

○ 短文スピーキング

01 望ましい賞を加えると、常に従業員の競争が促進されます。

02 全員が報酬を魅力的と見なすとすぐに、競争は激化しました。

03 地元の企業のいくつかのオーナーは、彼らのコミュニティを知るために友好的な競争に参加しました。

04 多くの人が同じような目標と欲望を持っているので、成功への道は競争をもたらすことと繋がっています。

05 人は成功する前に、常に激しい競争に直面します。

06 独占は市場において競争が欠如した結果です。

07 マネージャーは、毎日掲示板に従業員の売上合計を掲示することで競争を促進しようとしていました。

08 彼女はそれが生産性を傷つけたと信じていたので、常に競争を避けました。

09 職場での協力は、常に最も厳しい競争でさえも和らげます。

10 彼はスキルの習得が自分のペースでの成長によってもたらされると思っているので、競争に参加することを拒否します。

正解　1. bolsters [boosts]　2. intensified　3. entered　4. bring　5. face　6. lack

コアイメージ

competitionには大きく分けると3つの意味があります。一般的な「競争」という意味で使われる場合は基本的に不可算名詞です。より具体的な「試合やコンテストなどの競争」を指す時は可算名詞で、「競争相手」という意味で使われると不可算名詞として扱われます。

日本語訳と頭文字をヒントに、より自然な組み合わせになる英単語を入れてみましょう。

01 Adding a desirable prize always b_____ competition among employees.

02 As soon as everyone saw how attractive the reward was, competition i_____.

03 Several owners of local businesses e_____ into a friendly competition to get to know their community.

04 The drive to succeed is bound to b_____ about competition, as many people have similar goals and desires.

05 Before a person can find success, he or she will always f_____ fierce competition.

06 A monopoly is the result of l_____ of competition in the marketplace.

07 Managers were looking to s_____ competition by posting employees' sales totals on the bulletin board daily.

08 She always s_____ out of competition because she believed it hurt productivity.

09 Cooperation in the workplace always e_____ even the stiffest competition.

10 He refuses to e_____ in competition because he believes that mastery of a skill comes from development at his own pace.

7. spur 8. stayed 9. eases 10. engage   →詳細解説は次頁へ

method 02

○「相性動詞+competition」の組み合わせ

「競争へ参加する」の使い分け >> PICK-UP!

OK　一般的な言い方

■ **face** competition　競争に直面する

much better　世界を唸らせる言い方

1 enter into competition
（競争に参加する）

2 participate in competition
（競争に参加する）

3 encounter competition
（競争に直面する）

face competitionは最も一般的に使われる表現で「競争に直面する」「競争にさらされる」といった意味。意図的にcompetitionに参加するということではありません。

1
2　enter into competitionとparticipate in competitionの違いは、enter intoは「参加する」という「決意」にフォーカスが置かれていますが、participate inは「参加する」という決意だけでなく、行動がそれに伴っていることです。競争に参加して、競争を勝ち抜くべく頑張ろうとする意思が感じられます。

3　最後にencounter competitionは「予期しなかった競争にさらされる」ということで、face competitionよりも意外性を含む表現です。

競争を促進させる

- **boost** competition　促進させる
- **promote** competition　促進させる
- **bolster** competition　促進させる
- **spur** competition　促進させる
- **intensify** competition　激化させる

名詞で「支え」の意味もあるbolsterは「サポートして強化する」ニュアンスです。spurは名詞で「拍車」という意味があり、新聞などジャーナリズムの現場で好んで使われます。

others

- **win** a competition　勝つ
- **stay out of** competition　避ける
- **thwart** competition　阻む
- **bring about** competition　生む／もたらす
- **ease** the competition　緩和する
- **engage in** competition　参加する

easeは「体の痛みや心配を緩和する」という意味での用法が有名ですが、転じて市況や競争における文脈でも使われます。

○「相性形容詞+competition」の組み合わせ

激しい競争	緩やかな競争
severe competition　厳しい競争	weak competition　弱い競争
fierce competition　熾烈な争い	lack of competition　競争の欠如
keen competition　激しい競争	little competition　ほとんど競争のない
stiff competition　激しい競争	
lively competition　活発な競争	
vigorous competition　活発な競争	

others

- **friendly** competition　友好的な競争
- **healthy** competition　健全な競争
- **international** competition　国際競争

長文スピーキング

method 03

これまでに紹介してきた相性動詞・形容詞を使った文章や会話をスピーキング練習しよう。

スピーチ

Hello, intern team. Welcome back from the long weekend. I recognize the tremendous effort that you all have put into your proposals and your dedication to making your ideas come alive as you **entered into competition**. I have seen some of you here before the office opened, and many of you have stayed way past closing time. I was so pleased to see such **healthy competition** bring out all of your talents. However, only one person can **win the fierce international competition**, and this year that person is Jenny Brown. With her victory, Jenny has successfully secured sole intellectual property rights to the application she developed as well as a permanent position as junior software developer at our New York office. Great job, Jenny.

訳

こんにちは、インターンチームの皆さん。長い週末からよく戻りました。私は皆さんが提案書に莫大な努力をし、競争に参加しながら、アイデアを生むために打ちこんできたことをわかっています。就業時間前にも、就業時間後にも皆さんの姿を目にすることがありました。このような健全な競争で皆さんの才能が引き出されるのを見て大変嬉しく思います。しかし、激しい国際競争に勝つ人は1人だけで、今年の優勝者はJenny Brownです。彼女の勝利により、Jennyは自分が開発したアプリケーションの唯一の知的財産権と、ニューヨークオフィスのジュニアソフトウェア開発者としての永久的な地位を確保しました。素晴らしい仕事でした、Jenny。

会話

A: Hi, Aaron. Did you hear about the newest sales contest?
B: Yes, the managers have **spurred competition** to get us to reduce surplus by rewarding the employee who sells the most items from our fall collection, preparing us for the winter.
A: Have you been preparing your winner strategy?
B: I have actually chosen to step back and **stay out of this competition**.
A: That's surprising! You have always been such a fierce competitor.
B: Ah yes, but my wife and I have a baby on the way and she really needs my help right now.
A: Of course. I understand.

訳

A: こんにちは、Aaron。最新のセールスコンテストについて聞きましたか？
B: はい、余剰在庫を減らすために秋コレクションのアイテムを最も販売した従業員に報酬を与えることで、マネージャーは従業員同士の競争を刺激し、冬期への準備を進めています。
A: あなたは勝者になる戦略の準備は進めていますか？
B: 実は私はこの競争から退いて、回避することを選択しました。
A: それは驚きました！あなたはいつもとても厳しい競争相手でした。
B: ああそうですね。私の妻のお腹に赤ちゃんがいて、彼女は今私の助けをとても必要としているのです。
A: それならもちろんのことですね。わかります。

No.11 | Perspective

method 01 | method 04 | 1-31

○ 短文スピーキング

01 フォーラムでは、海外戦略に関する様々な視点が示されました。

02 我々は、現在の問題についてより幅広い視点を取り入れたいと思っている。

03 私はいつも私の同僚の多くとは異なる視点を持つのが好きです。

04 私たちは、健康的な食事に関する新たな視点を提案します。

05 私はプレゼンテーションをどのように改善できるか、様々な見知を聞きたいと思っています。

06 この複雑な問題について我々の見解をシェアする機会に感謝します。

07 私は常に見解を広げる機会を探しています。

08 私の見解では、あなたは職務と責任に焦点を当てるべきです。

09 彼はこの問題に様々な視点を持ち込んでいる。

10 彼はこの問題について独自の見解を提案した。

正解　1. offered　2. adopt　3. having　4. propose　5. hear　6. share

コアイメージ

「考え方、見方」という意味を持つ語です。接頭辞のperは「前に」という意味を持ち、ラテン語のspecere「見ること」と組み合わさっている語でもあるため、「見通し」という意味で使われることもあります。

日本語訳と頭文字をヒントに、より自然な組み合わせになる英単語を入れてみましょう。

01 The forum o＿＿＿＿ a variety of perspectives on overseas strategy.

02 We are willing to a＿＿＿＿ a broader perspective on contemporary issues.

03 I always like h＿＿＿＿ a different perspective from many of my colleagues.

04 We will p＿＿＿＿ a new perspective on healthy eating.

05 I want to h＿＿＿＿ from diverse perspectives on how I can improve my presentation.

06 Thank you for the opportunity to s＿＿＿＿ our perspectives on this complex issue.

07 I'm always looking for opportunities to b＿＿＿＿ my perspective.

08 F＿＿＿＿ my perspective, you should focus on your duties and responsibilities.

09 He b＿＿＿＿ a different perspective to this problem.

10 He has p＿＿＿＿ a unique perspective on this issue.

7. broaden　8. From　9. brings　10. proposed　　→詳細解説は次頁へ

method 02

「相性動詞＋perspective」の組み合わせ

「視点[見解]を提供する」の使い分け　>> PICK-UP!

👌 OK　一般的な言い方

- **offer** a perspective　視点[見解]を提供する
- **propose** a perspective　視点[見解]を提供する

👍 much better　世界を唸らせる言い方

1 **suggest** a perspective
（視点[見解]を提案する）

2 **express** a perspective
（視点[見解]を示す）

3 **share** a perspective
（視点[見解]を共有する）

　offerやproposeは「選択肢として1つの見解を提案する」というイメージが強いために押し付けがましさがなくビジネスでは多用される表現です。提案した上で相手の意見を待っている姿勢が感じられます。

1 一方でsuggestはofferやproposeよりもやや強く「行動を促す」ようなイメージを持っています。

2 expressは見解を単純に示すことに重点があるので、他の動詞と比べると一方通行なニュアンスが出ます。

3 そして、shareは「他者に共有する」一体感が感じられる動詞です。この中で最もインタラクティブな印象を与えるのでビジネスシーンで「ここぞ」という時に活用できると効果的です。先の「短文スピーキング」06でも相手への誠意が感じられる表現となっています。

視点［見解］を得る／持つ

- **get** a perspective　得る
- **gain** a perspective　得る
- **adopt** a perspective　取り入れる／採用する
- **have** a perspective　持つ
- **hear from** a perspective　聞く／得る

others

- **bring** a perspective　吹き込む
- **develop** a perspective　生み出す
- **broaden** one's perspective　広げる

○「相性形容詞＋perspective」の組み合わせ

- **different** perspective　異なる視点［考え方］
- **diverse** perspectives　様々な視点
- **broad** perspective　幅広い視点
- **wide** perspective　幅広い視点
- **new** perspective　新しい視点
- **fresh** perspective　新しい視点
- **proper** perspective　正しい視点
- **balanced** perspective　公正な視点
- **interesting** perspective　面白い視点
- **unique** perspective　独特の視点
- **cultural** perspective　文化的視点
- **social** perspective　社会的視点
- **strategic** perspective　戦略的な視点
- **consumer's** perspective　顧客の視点

大きな違いはありませんが、freshは「新鮮な」という意味で使われるように、ポジティブなニュアンスを持ちます。一方でnewは必ずしもポジティブな印象になるとは限りません。

method 03 🔊 1-32, 33

○ 長文スピーキング

これまでに紹介してきた相性動詞・形容詞を使った
文章や会話をスピーキング練習しよう。

スピーチ

Thank you everyone for joining us at our annual conference. This year we are pleased to welcome not only local experts but also international colleagues. Over the past 10 years, we have seen tremendous growth in attendance and diversity, and we are pleased to share this experience with you. Our keynote speaker today is going to offer insight on how to see your business from the **consumer's perspective**. He is going to give you ways to determine your clients' needs and how they can be met effectively and efficiently. Please, put your hands together for Senior Marketing Director Tyler Lane.

訳

皆さま、我々の年次総会にご参加いただきまして、ありがとうございます。今年は、地元出身の専門家の方だけでなく、国際的な同僚たちも歓迎することができて、光栄です。過去10年にわたり、参加してくださる方々の人数や多様性が大幅に向上し、皆さまとこの経験を共有できることは、私たちにとって喜ばしいことです。本日の我々の基調講演者は、皆さんのビジネスをいかに顧客の視点から見るかという洞察力を提供してくださいます。彼は、皆さんのクライアントの需要が何であるのか、またそのニーズをいかに効率良く、効果的に満たすことができるのかということを決断する方法を皆さんにお伝えします。それでは、シニアマーケティングディレクターのTyler Laneさんに、拍手をお願いいたします。

会話

A: I am really looking forward to the weekly staff meeting tomorrow.
B: How come?
A: I heard that we are going to be asked about what we think so far of our start-up's progress.
B: That's excellent. I believe that **sharing our perspectives on** the company's growth is extremely important to creating a cohesive and collaborative workplace.
A: I agree. It will be nice to hear from everyone. Personally, I have a few ideas on how we can reach out to new clients and promote our product.
B: I am looking forward to hearing them. Let me know how I can help.
A: Thank you. See you tomorrow.
B: See you tomorrow.

訳

A: 明日の週間スタッフ会議がとても楽しみだよ。
B: どうして?
A: 私たちが、今のところ新規事業の進行具合についてどう考えているかをたずねていただける機会があると耳にしたんだ。
B: それは、素晴らしいわね。会社の発展に対する見解を共有することは、団結力があり、協力的な職場を作るためにとても重要なことだと思う。
A: 賛成するよ。すべての人から意見を聞けることは、素晴らしいね。個人的には、私たちがいかに新しい顧客を掴むかといかに製品を促進させるかということに関して、いくつか考えがあるんだ。
B: それを聞くのがとても楽しみよ。何か手伝えることがあれば、知らせてね。
A: ありがとう。じゃあ、また明日。
B: また明日。

method 01 🔊 1-34

No.12 | Benefit

○ 短文スピーキング

01 このプロジェクトはパートナーに非常に多くの恩恵をもたらすだろう。

02 我々は、TEXグループとの関係から多くの利益を享受している。

03 我々の客はサービスによって利益を享受している。

04 このアプローチは我々のクライエントには、ほとんど利益がなかった。

05 このプロジェクトは社会に大きな経済利益をもたらすだろう。

06 そのワークショップはビジネスに長期的な利益をもたらした。

07 我々は新しい場所への移転によって大きな利益を受けるだろう。

08 政策転換によって大多数の世帯が恩恵を受けるだろう。

09 スポンサーは相互利益の上に成り立つ。

10 我々の顧客にとっての潜在的な利益は何ですか?

解答　1. offer　2. reaped　3. enjoy　4. provided　5. bring　6. created

コアイメージ

benefitには大きく3つの意味があります。まずここで取り上げる「利益」や「恩恵」という意味で、誰かの役に立つものを指します。また、基本給以外に支給される「金銭」や提供される「便宜」を指すほか、（社会保障制度などによる）給付、手当を指すこともあります。

日本語訳と頭文字をヒントに、より自然な組み合わせになる英単語を入れてみましょう。

01 This project will o_____ numerous benefits to our partners.

02 We have r_____ many benefits from our relationship with the TEX Group.

03 Our customers e_____ benefits from our services.

04 This approach p_____ little benefit to our clients.

05 The project will b_____ large economic benefits to society.

06 The workshop c_____ long-term benefits for the business.

07 We will r_____ a large benefit from moving to the new location.

08 The majority of households will o_____ some benefit from the policy change.

09 Sponsorship depends on m_____ benefit to sponsor and sponsored.

10 What are the p_____ benefits to our clients?

7. receive　8. obtain　9. mutual　10. potential　　→詳細解説は次頁へ

method 02

○「相性動詞＋benefit」の組み合わせ

「利益[恩恵]を得る」の使い分け >> **PICK-UP!**

👌 OK 一般的な言い方

- **get** a benefit from 　〜から利益を得る
- **gain** a benefit from 　〜から利益を享受する
- **receive** a benefit from 　〜から利益を受ける

👍 much better 世界を唸らせる言い方

1 **enjoy** benefits from
（〜から利益[恩恵]を享受する）

2 **reap** benefits from
（〜から利益[恩恵]を受ける）

3 **obtain** benefits from
（〜から利益[恩恵]を得る）

形容詞を伴わずにbenefitを使う場合は、「政府からの給付や会社からの手当」を指すことが多いです。しかし、ここでは利益（役に立つもの）という視点でビジネスシーンでの活用を見ていきましょう。

1 enjoyはビジネスシーンで目にする用法として「享受する」という意味があることを覚えてください。enjoyとreapはgetやobtain、receiveよりも強いニュアンスを持ちます。

2 reapは「収穫する」という意味を持っているので「利益のタネとなるものの植え付けから収穫までをカバーする」。つまり「時間をかけて想定していた利益を得る」イメージです。

3 getとobtainの違いは何か比べてみましょう。getは「結果」に重点がありカジュアルな響きがしますが、obtainは「努力の結果」であることが強調され、よりフォーマルな語感になりビジネスシーンで好まれます。
receiveを使うと、少し受動的なニュアンスが強くなります。

利益[恩恵]をもたらす

- **bring** a benefit for[to]　（〜に利益を）もたらす
- **offer** a benefit for[to]　（〜に利益を）与える
- **provide** a benefit for[to]　（〜に利益を）もたらす
- **create** benefits　もたらす

offerは「一歩引いた立場から申し出る」ニュアンスの動詞で、冷静・丁寧な態度が求められるビジネスシーンで広く使われます。provideの代わりにgiveも考えられますが、provideのほうが、かための単語なのでしっかりとした印象を与えるでしょう。

others

- **experience** benefits　経験する／享受する

○「相性形容詞+benefit」の組み合わせ

ポジティブ	ネガティブ
numerous benefits　非常に多くの利益[恩恵]	very little benefits　ごくわずかな利益[恩恵]
enormous benefits　非常に多くの利益[恩恵]	not much benefits　あまり多くない利益[恩恵]
substantial benefits　大きな利益[恩恵]	insubstantial benefits　ごくわずかな利益[恩恵]
many benefits　多くの利益[恩恵]	little benefits　小さな利益[恩恵]
large benefits　大きな利益[恩恵]	small benefits　小さな利益[恩恵]

others

- **maximum** benefits　最大の利益[恩恵]
- **mutual** benefits　相互利益[恩恵]
- **potential** benefits　潜在的な利益[恩恵]
- **long-term** benefits　長期的な利益[恩恵]
- **short-term** benefits　短期的な利益[恩恵]
- **economic** benefits　経済的利益[恩恵]
- **financial** benefits　金銭的利益[恩恵]
- **social** benefits　社会的利益[恩恵]
- **immediate** benefits　目先の利益[恩恵]
- **tangible** benefits　具体的な利益[恩恵]
- **direct** benefits　直接的な利益[恩恵]

method 03　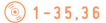

長文スピーキング

> これまでに紹介してきた相性動詞・形容詞を使った
> 文章や会話をスピーキング練習しよう。

スピーチ

Good morning everyone. Thank you for coming to our new employee training. Today we are going to discuss our stock. By the end of the presentation, you will be able to understand the investment options available and **the benefits you can reap** from them. I will talk about the recent stock trends of AIP Group and explain to you in detail how you can get started purchasing stock so you can **enjoy substantial benefits from** your investment as soon as possible. Our clients have seen double digit return in the previous fiscal year, and, due to our company's dedication to research and development, we are projected to grow even more moving into the next quarter.

訳

皆さん、おはようございます。新人研修へのご参加ありがとうございます。今日は我々の株式について考え、そしてプレゼンテーションが終わるまでに、利用可能な投資の選択肢と得られる利益について理解していただけるかと思います。まず最近のAIPグループの株式のトレンドについて、そしてすぐに大きな利益を投資から得られるように、どのように株式の購入をスタートすればよいかについて詳しくご説明いたします。昨年度は我々の顧客が2桁の利益率を得ましたが、我々のR&Dへの取り組みから次の四半期もさらに成長できると見込んでいます。

会 話

A: I heard that Breuer Pharmaceuticals recently got government approval for manufacturing a new drug for treatment of pain. Have you heard anything about this?

B: Yes. The new drug called Cinantin **offers long-term benefits for** patients suffering from chronic pain. Do you know when the drug will be available to the public?

A: I heard that production is on the way, and the new pill could be prescribed now. However, not many doctors know about this treatment.

B: Breuer Pharmaceuticals is engaged in active marketing efforts, educating doctors about Cinantin by sending promotional materials to medical offices and hospitals.

A: Looks like patients will **experience benefits from** the new treatment soon.

訳

A: Breuer Pharmaceuticalsが最近、新しい鎮痛剤の製造に関する政府の承認を得たと聞きました。これについて何か聞いたことがありますか？

B: はい。Cinantinと呼ばれる新薬は、慢性疼痛を患う患者に長期的な利益をもたらすみたいですね。いつ薬が公開されるのか知っていますか？

A: 製造は実現間近で、その新しい薬はもう処方されうるようだと聞きました。しかしまだその治療薬を認知している医者は多くありません。

B: Breuer Pharmaceuticalsはマーケティングにとても熱心に取り組んでいるようで、医療機関や病院に販促材料を送ってCinantinに関して医者を教育しているようですね。

A: 患者は間もなくその新しい治療薬から利益を享受しそうな感じですね。

No.13　Priority

method 01　method 04　1-37

○ 短文スピーキング

01 優先度の低い活動を排除することで、ストレスを軽減することができます。

02 午前の会議のおかげで、私たちは最優先のリスクを特定することができました。

03 あなたのチームはこの問題に高い優先順位を与えなければなりません。

04 従業員の健康と安全は基本的な優先事項です。

05 私たちは、ビジネスモデルを考えることをもっと優先する必要があります。

06 この問題は今のところ優先順位が低いと考えています。

07 XP Technologiesは、優先度の高い顧客に可能な限り最高のサポートを提供することを約束します。

08 あなたの優先順位を明確にし、生産的な1日をデザインしよう。

09 回答者の40％が子供の教育を最優先にしていました。

10 予算の大部分は最優先プロジェクトに費やされます。

正解　1. eliminating　2. identify　3. assign　4. fundamental　5. put　6. remain

コアイメージ

時間的、あるいは順序的に「優先する」という意味で、何かをする際にいくつかステップがあることを暗示しています。同義語のprecedenceよりもpriorityのほうが一般的でやわらかいイメージです。

日本語訳と頭文字をヒントに、より自然な組み合わせになる英単語を入れてみましょう。

01 You can reduce stress by e_____ low-priority activities.

02 The meeting in the morning helped us i_____ the highest-priority risks.

03 Your team should a_____ high priority to this problem.

04 The health and safety of our employees is a f_____ priority.

05 We need to p_____ more priority on figuring out a business model.

06 I think this issue will r_____ low priority for now.

07 XP Technologies promises to provide the best support possible for our h_____ customers.

08 Let's c_____ your priorities and design a productive day.

09 40% of the respondents g_____ first priority to children's education.

10 A major portion of the budget will be spent on t_____ projects.

7. high-priority　8. clarify　9. gave　10. top-priority　→詳細解説は次頁へ

099

method 02

◯「相性動詞＋priority」の組み合わせ

「優先する」の使い分け　>> **PICK-UP!**

👌 OK　一般的な言い方

■ **give** priority to　〜を優先する

👍 much better　世界を唸らせる言い方

1 place priority on
（〜を重要視する）

2 put priority on
（〜を重要視する）

3 assign priority to
（〜を優先する）

　定番表現のgive priority toは「対象となるものにpriorityというギフトを渡すようなイメージ」を膨らませて使いましょう。

1
2　put［place］priority onという形で使われ、これらは基本的に同じ意味を持ちます。「優先事項というラベルを対象に貼る」ようなイメージです。placeのほうがよりフォーマルなので、ビジネスではplaceを優先するといいでしょう。

3　assign priority toは「役職を対象物に与える」イメージ。会議での発言などビジネスシーンで頻繁に耳にします。「信頼を持って仕事などを割り当てる」場合に使われる動詞です。したがってgiveやputなどと比べて期待値が高く設定されています。

優先される

- **take** priority　優先される／優先度が高い

priorityの活用法を押さえる上でtake priorityは外せません。Children's education takes priority over tax cuts.（子供の教育は減税よりも優先度が高い）というふうに「主語にくるものが目的語よりも優先度が高い」と言う時に使われます。ぜひ覚えておきましょう！

優先順位を決める

- **identify** priority　明確にする
- **clarify** priority　明確にする
- **determine** priority　決定する

identifyの原義は「同一物／同一化」。そこから「認める」「〜と見なす」「明らかにする」などの意味が生まれました。

others

- **remain** low priority　優先順位が低いままである

○「相性形容詞＋priority」の組み合わせ

- **first** priority　最優先事項
- **top** priority　最優先課題
- **important** priority　重要な優先順位
- **key** priority　主な優先事項
- **low** priority　低い優先度
- **urgent** priority　緊急優先事項
- **fundamental** priority　基本的な優先事項

urgent priorityは複数ある可能性がありますが、top priorityは最重要事項なので1つしかありません。top priorityではあるがurgentではない場合も十分にありえます。

others

- priority **action**　優先行動
- **high-priority** activity　優先度の高い業務
- **low-priority** activity　優先度の低い業務
- **high-priority** customer　優先度の高い顧客
- **high-priority** task　優先度の高い仕事
- **top-priority** issue　最優先課題
- **top-priority** project　最優先プロジェクト
- **in order of** priority　優先度順に

method 03 長文スピーキング

1-38, 39

> これまでに紹介してきた相性動詞・形容詞を使った
> 文章や会話をスピーキング練習しよう。

スピーチ

Welcome everyone to our quarterly meeting. After conducting evaluations and receiving feedback from your immediate supervisors, we have come up with a list of priorities for the next quarter. We have decided to **assign top priority to** research and development. Due to record sales revenues in the past quarter, we are choosing to take the company in a different direction and invest the profits in product development. We are looking to roll out a line of updated products as soon as the beginning of 2019. Stay tuned, as some exciting changes are coming. And now, our director of research and development will elaborate on what to expect in the coming months.

訳

四半期会議に参加いただきまして、ありがとうございます。査定を実施し、管理者からフィードバックを受け取った後、我々は、次期四半期における優先事項を考えてまいりました。我々は、調査と開発を最優先して行うことを決定いたしました。過去の四半期の売上収益の記録によって、我々は、我が社を違った方向へ進出させ、会社の利益を製品開発へ投資することを選択します。我々は、2019年の初めあたりを目指し、最新の製品を本格展開することを見込んでいます。刺激的な変化が訪れるのを、心待ちにしておいてください。そして、ただ今より、我々のリサーチ・開発部門の監督責任者が、来る数ヵ月後に何を予期できるのかについて詳述します。

会話

A: Hi, Justine. Did you have a chance to take a look at the last email I sent you?
B: Yes, I noticed that it was marked as urgent.
A: The data entry must be completed by the end of today, as I need to send the report to corporate tomorrow morning.
B: I am working diligently on inputting all the numbers, and I understand that this is a **high-priority task**. The Excel sheet will be finished in two hours, and I will email it to you then.
A: Sounds good. Thank you, Justine. I am counting on you.

訳

A: やぁ、Justine。私が最後に送ったメールは、確認してくれたかな?
B: はい、緊急の案件だと気づいたので。
A: 明日の朝会社にレポートを送る必要があるので、データの入力は、今日の終わりまでに完成させなければならないんだよ。
B: 今念入りに、すべての数字の入力に取り組んでいるところで、これが最優先事項の仕事であることは、承知しています。エクセル表は、あと2時間で完成する予定なので、完成次第、メールします。
A: 素晴らしい。ありがとう、Justine。頼りにしてるよ。

No.14 | Plan

method 01 | method 04 | 1-40

○ 短文スピーキング

01 このセミナーは、あなたの店舗のマーケティング計画を策定するのに役立つように設計されています。

02 あなたは計画を実行する準備ができていません。

03 キャリアプランを策定することで、自分がやりたいことに集中することができます。

04 アイデアを実践的な計画に落としてください。

05 私はちょうどいくつかの暫定的な計画を立てようとしています。

06 JSP Estateは10年計画を発表しました。

07 雨が降ると予想されたので、私たちはBBQ計画を打ち切りました。

08 政府は、富裕層に対して税金を引き上げる計画を明らかにした。

09 それは無謀な計画でしたが、それは私の唯一の希望でした。

10 その企業は、100万ドルを削減する計画を発表する予定です。

正解　1. work　2. put　3. developing　4. doable　5. make　6. launched

コアイメージ

最も一般的な単語としての「計画」です。個人的で簡易なものからビジネスの戦略的なものまで幅広いシーンで使われます。projectは「より緻密な用意を必要とする計画」で、schemeは「政府の公式な計画」など公的な計画を意味します。

日本語訳と頭文字をヒントに、より自然な組み合わせになる英単語を入れてみましょう。

01 This seminar is designed to help you w_____ out a marketing plan for your store.

02 You are not prepared to p_____ the plan into action.

03 By d_____ a career plan, you can focus on what you want to do.

04 Break your ideas down into a d_____ plan.

05 I am just trying to m_____ some tentative plans.

06 JSP Estate has l_____ a 10-year plan.

07 We s_____ our BBQ plan because it was forecast to rain.

08 The government has o_____ a plan to raise taxes on the rich.

09 It was a r_____ plan, but it was my only hope.

10 The company is predicted to u_____ a plan to cut spending by $1million.

7. scrapped　8. outlined　9. reckless　10. unveil　　→詳細解説は次頁へ

105

method 02

「相性動詞＋plan」の組み合わせ

「計画を作成する」の使い分け >> PICK-UP!

👌 OK 一般的な言い方

- **make** a plan　計画を作成する
- **create** a plan　計画を作成する
- **develop** a plan　計画を策定する

👍 much better 世界を唸らせる言い方

1 prepare a plan
（計画を作成する）

2 work out a plan
（計画を作成する）

3 draw up a plan
（計画を練る）

最も一般的な動詞として、make a planがありますが、他に使いこなせるとこなれた印象を残せる言い回しがたくさんあります。詳しく見ていきましょう。

1 prepare、work out、draw upは、より「時間と努力が伴っている」イメージになります。なかでもwork outとdraw upはビジネスシーンで好んで使われます。

2 ちなみにwork outはplan以外でもよく使われる句動詞で、How does that work out for you ?「あなたにはどうですか？」と言えるとこなれた印象を与えます。

3 draw upは「計画を立てる」というよりも「計画を練る」というニュアンスに近く、draw up a formal contractのように使います。公式の文章ベースでの計画を立てる場合によく使われます。

計画を進める

- **put** a plan **into action**　実行する
- **launch** a plan　進める
- **carry out** a plan　実行する
- **implement** a plan　遂行する

launchは計画の初期段階を表すTOEICでの頻出の単語です。

計画を断念する

- **abandon** a plan　断念する
- **scrap** a plan　打ち切る

scrapは英検準1級レベルの文章でも頻繁に目にします。ちなみに、日本語で切り抜きを意味する「スクラップ」は英語ではあまり使われません。clipping(米)やcutting(英)のほうが一般的です。

計画を提出する

- **put forward** a plan　出す
- **propose** a plan　提案する

計画を公にする

- **unveil** a plan　明らかにする
- **announce** a plan　発表する
- **outline** a plan　(計画の)概略を話す

unveilやannounceは「初めて」その計画について公にする場合に使われますが、outlineは必ずしも初めてである必要はありません。

○「相性形容詞+plan」の組み合わせ

ポジティブ	ネガティブ／ニュートラル
detailed plan　詳細な計画	tentative plan　一応の案／暫定的な計画
best-laid plan　よく練られた計画	reckless plan　むちゃな計画
coherent plan　一貫した計画	
doable plan　実行可能な計画	
realistic plan　現実的な計画	
concrete plan　具体策	
ambitious plan　大胆な計画	
back up plan　代替策	
action plan　行動計画	

method 03 1-41, 42

〇 長文スピーキング

> これまでに紹介してきた相性動詞・形容詞を使った
> 文章や会話をスピーキング練習しよう。

スピーチ

As you all know, our servers crashed yesterday afternoon, causing our site to be down for 6 hours. We've received a lot of calls and emails from clients, asking why they were not able to make online purchases on our site. Our IT department has done a splendid job getting the site back online, and our customer service department has been able to handle all the customer queries and take orders over the phone. However, we noticed that our phone system was simply not able to handle the order volume; that's why I called you all here to **create a backup plan** for when the website does go down.

訳

皆さんもご存知の通り、我が社のサーバーが昨日の午後に故障し、私たちのサイトが6時間停止してしまいました。我々は、多くの電話とメールを顧客からいただいており、なぜサイトにおいて、オンライン購買ができないのかとのお問い合わせを受けました。私たちのIT部門は、サイトをオンラインに復旧させるという素晴らしい仕事をしてくれており、お客様サービス部門は、すべての消費者からの質問に対処し、電話越しに注文を承ってきました。しかしながら、私たちの電話のシステムでは、どうしても、注文の規模に応対できないということに我々は気づきました。このような事情のため、私たちは、ウェブサイトが落ちてしまった時の代替策を編み出すために、皆さん全員をここへお呼びした次第です。

会話

A: I am looking to open my own business, and I have many ideas, but I don't know where to start.
B: The first step is **drawing up a detailed action plan**. It will help you focus your ideas and come up with steps to achieve your goals.
A: Do you have any suggestions for how to **draw up an action plan**?
B: There are plenty of resources online which will give you easy-to-follow step-by-step instructions. Also, there are many websites that offer examples of different business models and action plans.
A: Thank you for your help.

訳

A: 自分でビジネスを始めようとしていて、たくさんアイデアもあるのだけれど、どこから始めてよいかがわからないのですが。
B: 最初のステップは、詳細な行動の計画を立てることです。そうすることで、あなたのアイデアに焦点を絞り、目標を達成するための段階を発想することに繋がります。
A: 行動の計画を立てるための何か提案は、ありますか？
B: オンラインには、あなたが追っていきやすい、段階を追った説明を提供してくれる多くの情報源があります。また、異なるビジネスモデルや行動計画の例を提供してくれる多くのウェブサイトもあります。
A: ありがとうございます。

method 01　method 04　1-43

No.15　Attempt

○ 短文スピーキング

01 その消防隊員はリスクを鑑みた結果、家の中にいる犬を助けることを断念した。

02 その医者は、不幸にも患者を救うことに失敗した。

03 私は本当に彼を高校から卒業させたいが、勉強を促す以外の方法が思いつかない。

04 嵐が来た時、船長は海を渡ることを断念しなければいけなかった。

05 私たちは防犯アラームを鳴らして泥棒が家に押し入ろうとするのを妨げた。

06 経営陣は、職場の士気を向上させるために無駄な努力をしました。

07 すでに緊張した関係をさらに損なうことを避けるために、クーリングオフ期間が提案された。

08 予算上の制約から、経営者はカフェテリアを改装しようとする試みを断念しなければならなかった。

09 上級管理職に連絡する前に、何度か直接苦情に対処する試みを行ってください。

10 公正な取引をしようとしている試みを台なしにしようとし続けるならば、我々は交渉を中止することを余儀なくされるでしょう。

正解　1. abandon　2. failed　3. support　4. give　5. thwarted　6. made

> **コアイメージ**
>
> 単純に「試み」という意味であるtryに比べてattemptは「努力を伴う試み」を指します。また、tryよりかたい語感で、ビジネスシーンで多用されます。

> 日本語訳と頭文字をヒントに、より自然な
> 組み合わせになる英単語を入れてみましょう。

01 The firemen had to a_____ their attempt to save the dog inside the house when they ascertained the risk.

02 The doctor unfortunately f_____ in his attempt to save the patient.

03 I really want to s_____ his attempt to graduate from high school, but I don't know how except by encouraging him to study.

04 The ship captain had to g_____ up his attempt to cross the sea when the storm came in.

05 We t_____ the burglar's attempt to break into the house by sounding the alarm bell.

06 Management m_____ a vain attempt to improve workplace morale.

07 I_____ an attempt to avoid further damaging already strained relations, a cooling off period was proposed.

08 Due to budget restraints, management had to g_____ up the attempt to renovate the cafeteria.

09 M_____ several attempts to deal with complaints directly before referring them to upper management.

10 If you continue to u_____ our attempts to make a fair deal, we will be forced to break off negotiations.

7. In   8. give   9. Make   10. undermine   →詳細解説は次頁へ

method 02

○「相性動詞＋attempt」の組み合わせ

「～する試みをやめる」の使い分け >> **PICK-UP!**

OK 一般的な言い方

- **give up** an attempt to　～する試みを諦める
- **stop** an attempt to　～する試みをやめる
- **interrupt** an attempt to　～する試みを阻止する

much better 世界を唸らせる言い方

1 **abandon** an attempt to
（～する試みをやめる／阻止する）

2 **undermine** an attempt to
（～する試みを台なしにする）

3 **shatter** an attempt to
（～する試みを阻止する）

1 abandonは、特に責任ある職や計画などを「捨てる／阻止する」という意味合いを含みます。「短文スピーキング」の01でニュアンスを掴みましょう。

2 undermineは徐々に何かを弱らせたり、壊したりする時に使われる動詞なので、undermine an attemptは、他の動詞に比べて「時間をかけながら試みを阻止する」含みが出てきます。
stopという基本単語でももちろん通じますが、ワンランク上の単語を使いこなすことで、確実に「できる」印象を与えていきましょう。

3 shatterは「打ち砕く／粉々にする」という意味で、例えば、shattered the windowsのように使われます。ですから、shatter an attemptと言うと、もう再開することができないいくらいまでのレベルに試みを潰すような強い意味合いになります。

他の表現
- **thwart** an attempt to　（～する試みを）**阻止する**
- **stonewall** an attempt to　（～する試みを）**妨害する**
- **foil** an attempt to　（～する試みを）**くじく**

thwartとfoilは同じような意味です。より細かく説明すると、foilは「相手の試みを阻止する」「やる気を失うように心理的なダメージを与える」ニュアンスが含まれます。

others

- **make** an attempt to　試みる
- **support** an attempt to　（〜する試みを）支持する
- **represent** an attempt to　（〜する試みを）表す

○「相性形容詞＋attempt」の組み合わせ

ポジティブ	ネガティブ／ニュートラル
bold attempt　大胆な試み	fruitless attempt　無駄な試み
concerted attempt　協調的な試み	vain attempt　無駄な試み
deliberate attempt　慎重な試み	frantic attempt　慌てた試み／大急ぎの試み
definite attempt　真剣な試み	desperate attempt　必死な試み／向こう見ずの試み
genuine attempt　真剣な試み	half-hearted attempt　生半可な試み
serious attempt　真剣な試み	lame attempt　不恰好な試み
sincere attempt　誠実な試み	reckless attempt　無謀な試み
earnest attempt　真剣な試み	clever attempt　巧妙な試み
systematic attempt　計画的な試み	risky attempt　危ない試み
valiant attempt　勇敢な試み	unsuccessful attempt　失敗に終わる試み
vigorous attempt　決然とした試み	
ambitious attempt　野心的な試み	

serious attempt、genuine attempt、earnest attempt の3つは感情的な意味合いを含んでいます。中でもearnestは「過剰にseriousである」という意味が含まれるため、深いひたむきさが伝わってきます。genuineは心が込もっているニュアンスを持っています。seriousは最もシンプルに真剣であるというイメージがあります。

method 03　長文スピーキング

これまでに紹介してきた相性動詞・形容詞を使った
文章や会話をスピーキング練習しよう。

スピーチ

I called you two here today because some new information came to light about the way both of you have handled company finances. I was informed that both of you used the company credit cards for non-business expenses for the period of the past month. I have noticed that you **made a reckless attempt** to change the names under which charges appeared manually, but this morning I confirmed all the purchases with the merchants, so there is no doubt in my mind that administrative action needs to be taken. As a result, both of you are to be let go, acting immediately, without severance pay.

訳

あなたがたお2人が会社の資金をどのように扱ったかについていくつかの新しい情報が明らかになったので、今日ここにお2人をお呼びしました。あなたがたが、過去1ヵ月の間、ビジネス関連ではない経費のために会社のクレジットカードを使用したと聞きました。私はあなたがたが費用が発生した名前を手動で変更する無謀な試みをしたことに気付き、今朝、業者とすべての購入を確認しましたので、経営上の措置を講じる必要があることは間違いないと思っています。結果として、あなたは両方とも、退職金なしで即座に退職していただかなければなりません。

会話

A: Hello. Can I speak to Mary from Human Resources?
B: Yes. Just a moment please.
C: Hello. This is Mary. How can I help you?
A: I would like to file a complaint against my co-worker, Caren Nielsen.
C: Of course. I can get the process started for you. What is the nature of your complaint?
A: Caren and I have had difficulties cooperating lately. Whenever I suggest even the slightest change to our office operations, she **thwarts my attempts to** make improvements and states that adhering to policy is more important. I am starting to feel very uncomfortable in such a rigid workplace and want to bring the issue to your attention.

訳

A: こんにちは。人事部のMaryと話すことができますか？
B: はい。ちょっと待ってください。
C: こんにちは。こちらはMaryです。どうしましたか？
A: 同僚のCaren Nielsenに対して苦情を申し立てたいと思います。
C: もちろんです。あなたのために手続きを開始することができます。あなたの苦情の本質は何でしょうか？
A: Carenと私は最近、協力して活動することが難しかったので。私が業務運営についてほんの小さな改善を提案したとしても、彼女はいつも改善への試みを妨害し、ルールを遵守することがより重要であると言います。私はそのような柔軟性のない職場を非常に不快に感じ始めていて、私はあなたにこちらの問題を知っていただきたいと思っていました。

No.16 | Conclusion

○ 短文スピーキング

01 軽率な結論に飛びつかないでください。

02 これは誤った結論を避けるための重要なステップです。

03 結論を出すのは時期尚早です。

04 あなた自身の結論を出してください。

05 この事実からどのような結論を導くことができますか?

06 彼はまったく間違った結論に達したに違いない。

07 結論に飛びついたら、あなたは毎回困るでしょう。

08 調査からどのような結論を導き出しましたか?

09 申し訳ありませんが、私はあなたの結論に同意できません。

10 一度結論を出しましょう。

正解　1. jump　2. avoid　3. draw　4. Arrive　5. reach　6. erroneous

コアイメージ

語幹はラテン語claudere「閉じる」からきているため、意味は「動作の終了」つまり「結論」に繋がります。そのため、「結論を下す」という意味を含みます。最終的に何らかの決着がついて終了することに焦点が当てられた語です。

日本語訳と頭文字をヒントに、より自然な組み合わせになる英単語を入れてみましょう。

01 Do not j_____ to a hasty conclusion.

02 This is an important step to a_____ a false conclusion.

03 It's too early to d_____ a conclusion.

04 A_____ at your own conclusions.

05 What conclusion can we r_____ based on the facts?

06 He must have arrived at a completely e_____ conclusion.

07 L_____ to conclusions gets you in trouble every time.

08 What conclusions did you d_____ from the survey?

09 I'm sorry but I can't a_____ with your conclusion.

10 Let's c_____ to a conclusion once and for all.

7. Leaping   8. derive[draw]   9. agree   10. come   →詳細解説は次頁へ

method 02

○「相性動詞+conclusion」の組み合わせ

「結論を出す」の使い分け >> **PICK-UP!**

👌 OK 一般的な言い方

- **make** a conclusion 　結論を出す
- **draw** a conclusion 　結論を導く

👍 much better 世界を唸らせる言い方

1 arrive at [come to / reach] a conclusion
（結論に達する）

2 jump [leap] to a conclusion
（結論に飛びつく）

3 derive a conclusion
（結論を導き出す）

ここで挙げた動詞はどれも「結論を導く」という点では変わりませんが、「その過程における思考の深さ」において使い分けられるようにすると効果的です。詳しく見ていきましょう。

1 和訳からも読み取れるように、jump to/leap toに比べて、arrive at/come to/reachは「よりしっかりとした思考の上での結果である」というニュアンスが加わります。

2 jump to/leap toは同義語で、「早急に飛びつく」ニュアンスがあるので、あまりポジティブな印象はないと考えてよいでしょう。

3 deriveは元々「由来をたずねる」という意味もあり、力強いニュアンスを持っているので「より深い思考の上で結論を導く」というような場面で使えます。

others

■ **avoid** a conclusion　避ける

○「相性形容詞+conclusion」の組み合わせ

ポジティブ	ネガティブ
realistic conclusion　現実的な結論	false conclusion　間違った結論
practical conclusion　実践的な結論	erroneous conclusion　間違った結論
concrete conclusion　具体性のある結論	illogical conclusion　筋の通らない結論
decisive conclusion　決定的な結論	negative conclusion　ネガティブな結論
groundbreaking conclusion　画期的な結論	improper conclusion　間違った結論
important conclusion　重要な結論	invalid conclusion　根拠に乏しい結論
clear conclusion　明確な結論	quick conclusion　早合点
concise conclusion　簡潔な結論	hasty conclusion　軽率な結論
firm conclusion　確固たる結論	
own conclusion　自分なりの結論	
general conclusion　一般的な結論	

realisticは、「現実的に考えてまともである」という意味が含まれていますが、practicalは「何かの役に立つ」というニュアンスが含まれます。groundbreakingは新しさがあり、これまでに実在するものと大きく異なるものに使われます。

falseとimproperの違いは、falseは「正しい」の反対であることから、正当性の観点から「間違った」という意味になり、improperは適切さの観点から「間違った」という意味になっています。

「早合点」という訳からわかるようにquickはここではネガティブな意味合いが強いです（quick自体はニュートラルな言葉）。jump to a quick conclusionと「相性動詞」のなかでもネガティブ寄りのjump toやleap toと組み合わせると、かなり自然な表現となります。quickに似た形容詞を使ってprompt conclusionとも言いますが、これはよりニュートラルな響きが強くなります。

method 03　

○ 長文スピーキング

> これまでに紹介してきた相性動詞・形容詞を使った
> 文章や会話をスピーキング練習しよう。

スピーチ

Hello, class. I would like to welcome everyone back after the holiday weekend. I hope you had a lovely break. Today we are going to learn how to finish your essay strongly and **draw realistic conclusions** from your analysis. In corporate business, it's key to evaluate all the known variables effectively in order to make the most accurate prediction. Your responsibility is to communicate accurate growth predictions to your shareholders, and to do that you will need to consider many different factors, which will be discussed in today's lesson. So, let's get started.

訳

こんにちは、皆さん。週末を終えて戻って来た皆さんを歓迎したいと思います。素敵な休みであったことを願っています。今日は、エッセイを力強く仕上げる方法と、分析から現実的な結論を引き出す方法を学びます。ビジネスでは、最も正確な予測を行うために、既知の変数を効果的に評価することが重要です。あなたは正確な成長予測を株主に伝え、今日のレッスンで議論されますが、様々な要因を考慮することが求められます。さあ、始めましょう。

会話

A: Hello, Jacob. This is Jeannette from United Systems Inc.
B: Hello, Jeannette.
A: I am calling to inform you that you successfully completed the interview process, and we would like to hire you on as our head of European Operations.
B: That's great news. Thank you, Jeannette.
A: I will be forwarding you our company's benefits package along with several retirement plans we offer. I would like you to consider all the options we offer and **arrive at your own conclusion** regarding which benefits you would like us to add to your plan.
B: Thank you, Jeannette. I will read over the material and reply by tomorrow.

訳

A: こんにちは、Jacob。こちらはUnited Systems Inc.のJeannetteです。
B: こんにちは、Jeannetteさん。
A: あなたが無事面接を通過されたことをお知らせするために電話をしています。私たちはあなたをヨーロッパ事務局の責任者として雇用したいと考えています。
B: 素晴らしいニュースです。ありがとう、Jeannetteさん。
A: 当社が提供する退職金制度とともに、当社の福利厚生についての案内を送付します。我々が提供しているすべての選択肢を検討し、どのような福利を追加したいか、あなた自身に決めてもらいたいです。
B: ありがとうございます、Jeannetteさん。その資料を読んで、明日までに回答します。

method 01 | method 04 | 1-49
No.17 Attention

○ 短文スピーキング

01 プレゼンは面白い情報から始めて、みんなの関心を引くことが重要です。

02 皆さんの注意を最初のグラフに向けたいと思います。

03 採用マネージャーの注意を引くために、彼女は自分の履歴書を人事責任者に直接送った。

04 彼女は魅力的な提案で注目を集めることができました。

05 彼らは、製品によって引き起こされる健康への有害な影響から一般の注意をそらそうとした。

06 幼い頃に成功した人として、彼は他の人たちから大きな注目を集めました。

07 彼はまず、マイクで話をした時にみんなの注意を掴んだ。

08 信頼できる手頃な公共交通機関の問題は全国的な注目を集めています。

09 彼女は、ビジネスウェアのトレンドを再定義することによって全国的な注目を集めることができました。

10 カレンの提案は同僚の注意をほとんど集めなかった。

正解　1. grab [get]　2. direct [draw]　3. capture　4. seize　5. divert　6. received

コアイメージ

attentionは意識を何かに向ける動作やその状態を指す単語です。不可算名詞で「注目」や「注意」という意味があります。

日本語訳と頭文字をヒントに、より自然な組み合わせになる英単語を入れてみましょう。

01 It's important to start your presentation with an interesting piece of information to g_____ everyone's attention.

02 I would like to d_____ everyone's attention to the first graph.

03 To c_____ the hiring manager's attention, she sent her resume directly to the head of human resources.

04 She was able to s_____ attention with her engaging proposal.

05 They tried to d_____ public attention from the harmful effects on health caused by their product.

06 As someone who became successful at an early age, he r_____ a great deal of attention from others.

07 He first g_____ a lot of attention when he spoke into the microphone.

08 The issue of reliable and affordable public transportation a_____ nationwide attention.

09 She was able to w_____ national attention through redefining the business dress trend.

10 Karen's proposal r_____ little attention from her colleagues.

7. garnered [got / grabbed]　8. attracts　9. win　10. received　→詳細解説は次頁へ

123

method 02

○「相性動詞+attention」の組み合わせ

「注目を集める/引く」の使い分け　>> **PICK-UP!**

OK　一般的な言い方

- **receive** attention　注目を集める
- **grab** attention　注目を集める
- **attract** attention　注目を集める

much better　世界を唸らせる言い方

1 draw attention
（注目を集める）

2 win attention
（注目を集める）

3 garner attention
（注目を集める）

grab attentionは「注目を集める」という意味ですが、実はビジネスシーンではあまり使われません。雑誌や新聞などで目にする機会が多い言い回しです。

1 draw attentionはビジネスシーンで頻出なのでしっかりと覚えておきたい表現ですが、シンプルに「注目を集める」という事実にフォーカスされています。

2 win attentionは、「短文スピーキング」の09からもわかるように「努力」に焦点が当たっていると考えましょう。

3 garnerは「（努力と苦難を伴いながら）〜を集める」という意味を持っていることから、garner attentionは「頑張って注目を集める」という意味で、ビジネスシーンで多用されます。ただし、garner attentionは通常、特定の誰かの注意ではなく、一般的な注意を意味する文脈で好まれます（例：The ad campaign garnered a lot of attention.）。

注意を向ける

- **give** attention to （〜に注意を）向ける
- **pay** attention to （〜に注意を）払う
- **direct** attention to （〜に注意を）向ける
- **devote** attention to （〜に注意を）向ける
- **call** attention to （〜に注意を）促す
- **concentrate** attention on （〜に）集中させる

注意を引く

- **need** attention 引く
- **want** attention 引く
- **capture** attention 引く
- **seize** attention 集める／掴む
- **gather** attention 集める

others

- **divert** attention from （〜から注意を）そらす

divertは「注意」、特に「批判をそらす」という文脈で多く使われます。「短文スピーキング」の05のようなシーンにふさわしい単語です。
divert attention fromとdirect attention toが反対の意味として覚えておきましょう。

○「相性形容詞＋attention」の組み合わせ

ポジティブ	ネガティブ
keen attention　熱烈な注目	scant attention　わずかな注目
adequate attention　十分な注目	unwanted attention　望まない注目／余計な注目
significant attention　大きな注目	negative attention　好ましくない注目
extensive attention　広範囲にわたる注目	too much attention　過度な注目
considerable attention　相当な注目	too little attention　あまりにも少ない注目
remarkable attention　顕著な注目	undeserved attention　不相応な注目
unprecedented attention　かつてない注目	perfunctory attention　うわべの注目／形式的な注目
widespread attention　幅広い注目	
intimate attention　念入りな注意	

others

- **national** attention　全国的な注目
- **nationwide** attention　全国的な注目
- **public** attention　一般の注目

長文スピーキング

これまでに紹介してきた相性動詞・形容詞を使った
文章や会話をスピーキング練習しよう。

スピーチ

Hello, everyone. I would like to welcome you to our first staff meeting of the month. This morning we are going to discuss the growth of our platform and how we can **garner more attention from** the media. To everyone who is just joining us, we are a new global news reporting agency. We launched just 3 months ago and we are looking to grow rapidly. The goals of today's meeting are to generate brilliant article ideas which will **gather the attention of** major news outlets, with whom we can start cooperating in the future.

訳

皆さん、こんにちは。今月の最初のスタッフ会議に皆さんを歓迎したいと思います。今朝は私たちのプラットフォームの成長とメディアからもっと注目を集める方法について議論します。我々に加わったばかりの皆さん、私たちは新しい世界的なニュース報道機関です。私たちはわずか3ヵ月前に立ち上げ、急速に成長することを目指しています。今日の会議の目標は、私たちが将来的に協力することができる主要な報道機関から注目されるために、素晴らしい記事のアイデアを生み出すことです。

会 話

A: First, I would like to **direct everyone's attention to** the new built-in camera. As you can see, our phone's new camera is revolutionary, with the highest resolution currently on the market. Yes, I see a question. Go, ahead.

B: Yes, hello. My name is Jonathan and I represent one of the biggest professional camera manufacturers in the state of California. With such a sophisticated camera, what are you looking to provide to your users, and how will you **draw their attention to** it?

A: Great question, Jonathan. We are looking not only to give our users the technology to take more high-quality photos, but also to inspire them to capture all the beautiful moments of their lives using our latest technology.

訳

A: まず、新しい内蔵カメラに皆さんの注意を向けたいと思います。ご覧の通り、当社の新しいカメラは画期的なもので、現在市場において最高の解像度を備えています。はい、質問がありますか。どうぞ。

B: はい、こんにちは。私の名前はJonathanで、私はカリフォルニア州で最大のプロのカメラメーカーの者です。このような高度なカメラをもって、御社はユーザーに何を提供して、どのように注目を集めようとしていますか?

A: 素晴らしい質問です、Jonathan。私たちはユーザーに高画質の写真を撮る技術だけでなく、最新の技術を使って彼らの人生における美しい瞬間を捉えるような刺激を与えたいと思っています。

method 01　method 04　1-52

No.18　Efficiency

○ 短文スピーキング

01　生産性を向上させるためには、効率を高める必要があります。

02　来週の締め切りに間に合わせるために、この作業の効率を上げる必要があります。

03　我々は、処理センターの効率を向上させる方法を見つけ出す必要があります。

04　新しい要件は、毎日のオフィスオペレーションの効率を高めることです。

05　スケジュール遵守に重点を置くことで効率を最大化することができます。

06　この会社は効率化を可能にするだけでなく、長期にわたる実践を優先する。

07　どのように効率を上げるかについて誰かアイデアはありますか？

08　彼は効率性を損なった卑劣な行為のために、昨日首にされた。

09　自動車メーカーは新しい大型車両の燃費を低下させるのを躊躇しなかった。

10　日常的に評価されないしきたりは業務効率を妨げる。

正解　1. create　2. raise　3. boost　4. enhance　5. maximize　6. promotes

コアイメージ

時間やエネルギーを無駄なく上手に使うことを指します。不可算名詞で使われることが多いです。混同しがちなeffectivenessは、「意図した結果を生むための能力」を指します。

日本語訳と頭文字をヒントに、より自然な組み合わせになる英単語を入れてみましょう。

01 In order to improve productivity, we must c_____ efficiency.

02 We must r_____ the efficiency of this operation in order to meet next week's deadline.

03 We need to figure out a way to b_____ the efficiency of our processing center.

04 The new requirement is to e_____ the efficiency of everyday office operations.

05 We can only m_____ efficiency when we keep our primary focus on adhering to the schedule.

06 This company not only p_____ efficiency but prioritizes it over long-standing practices.

07 Who has any ideas on how we can s_____ efficiency?

08 He was dismissed from work yesterday for his insubordinate actions that i_____ efficiency.

09 Car makers were not hesitant to r_____ their new large vehicles' fuel efficiency.

10 Traditional practices that are not routinely evaluated h_____ efficiency.

7. strengthen　8. impaired　9. reduce　10. hinder　→詳細解説は次頁へ

method 02

○「相性動詞＋efficiency」の組み合わせ

「効率を高める」の使い分け >> **PICK-UP!**

👌 OK　一般的な言い方

- **improve** efficiency　効率を改善する
- **increase** efficiency　効率を上げる
- **create** efficiency　効率を上げる

👍 much better　世界を唸らせる言い方

1 promote efficiency
（効率を上げる）

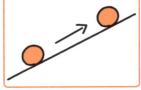
2 raise efficiency
（効率を上げる）

3 boost[enhance] efficiency（効率を高める）

improve efficiencyは「現状の効率を改善させ、さらに高める」といったニュアンスで定番表現ですが、create efficiencyにすると「ゼロから効率を上げる」含みを持ちます。

1 promoteは「人々に促す」という意味を持っていることから、promote efficiencyは「人を巻き込みながら効率を高める」ニュアンスに。

2 raiseは単純に「高める」という意味で捉えればいいですが、自動詞のriseと明確に使い分けができるようにしましょう！

3 最後にimproveとboost[enhance]の使い分けポイントはこちら。improveは「良くないものを改善する」ことが根本にありますが、boostとenhanceは「現状よりも高める」シーンで使われる表現で、必ずしも現状が悪いわけではありません。

他の表現
- **achieve** efficiency　得る
- **maximize** efficiency　最大化する

- **optimize** efficiency　最適化する
- **strengthen** efficiency　高める

効率を下げる

- **reduce** efficiency　低下させる
- **impair** efficiency　損なう
- **decrease** efficiency　下げる
- **hinder** efficiency　妨げる

hinderの原義は「後ろに留めておく」。そこから「〜するのを妨げる」「〜できないようにする」という意味に繋がります。stopよりかたい単語です。英検準1級レベルの文章でもよく目にします。

others

- **prove** efficiency　検証する
- **pursue** efficiency　追求する

◯「相性形容詞+efficiency」の組み合わせ

ポジティブ	ネガティブ
great efficiency　優れた効率	ruthless efficiency　容赦ない効率
high efficiency　高い効率	low efficiency　低い効率
maximum efficiency　最大の効率	
optimum efficiency　最適な効率	

ruthlessは「無慈悲な」という意味を持っているように、手段を選ばず効率を上げるイメージを持ちます。

others

- **operational** efficiency　オペレーションの効率
- **administrative** efficiency　運営上の効率

method 03 長文スピーキング

これまでに紹介してきた相性動詞・形容詞を使った
文章や会話をスピーキング練習しよう。

スピーチ

Good morning, all. I would like to thank everyone for joining this conference call. Before we jump into the agenda for today, I want to make one announcement. Since we are always looking for smarter workplace solutions, we have decided not to extend the contract with our current video conference service provider. We have experienced many call delays and drops in the past, specifically when communicating with our office in Jakarta, **hindering the efficiency** of inter-office communication. Instead we will be switching to a new video service provider and installing a more sophisticated conference call system in the boardrooms at all three of our locations. Through these steps we believe we can vastly **increase operational efficiency**.

訳

みんな、おはよう。この電話会議に参加してくださった皆さんに感謝したいと思います。今日のアジェンダに入る前に、私は1つの発表をしたいと思います。私たちは常によりスマートな職場環境のソリューションを探しているため、現在の電話会議サービスプロバイダとの契約を延長しないことに決めました。実際、ジャカルタの事務所と連絡をとった時に、多くの通話の遅延や落ちることを経験し、部局間のコミュニケーションの効率を阻害しました。代わりに、私たちはビデオサービスプロバイダを切り替える予定で、3局すべての役員会議室でより精巧な電話会議システムを導入します。これらのステップを通じて大幅にオペレーションの効率を上げられると信じています。

会話

A: Joselyn, do you have a spare moment?
B: Sure, how can I help?
A: The department will be hosting a meeting in the next two weeks regarding **enhancing operational efficiency**, and we could really use your input as the office manager on the issue.
B: I'd be happy to contribute. Would you like me to prepare a presentation?
A: No formal presentation is necessary, but can you have a few ideas about **administrative efficiency** ready in the coming week?
B: Of course. Not a problem.
A: Thanks so much, Joselyn. Your help means a lot.
B: You're welcome.

訳

A: Joselyn、時間がありますか？
B: はい、どうしましたか？
A: この部署は2週間以内に業務効率を高めることに関して会議を開催する予定で、この問題についてオフィスマネージャーとしてのあなたの意見を活用できると思うのです。
B: 喜んでお手伝いしますよ。プレゼンテーションの準備をしたらいいですか？
A: 正式なプレゼンテーションは必要ありませんが、来週に運営上の効率に関するアイデアをいくつか準備していただけますか？
B: もちろん。問題ないですよ。
A: ありがとう、Joselyn。あなたの援助はとても大きな意味を持ちます。
B: どういたしまして。

No.19 Expertise

method 01 | method 04 | 1-55

○ 短文スピーキング

01 私たちはあなたの専門知識を深めるために学ぶ機会を多く提供しています。

02 当社の専門家は、持続可能なビジネスソリューションの開発に幅広い専門知識を応用します。

03 あなたはどのようにこの分野の専門知識を取得しましたか？

04 現地企業とマーケティングの専門知識を共有することが大好きです。

05 Lee氏はこの分野で豊富な専門知識と技術を蓄積してきました。

06 多くの中小企業では、広範な調査を実施する専門知識が不足している。

07 あなたの深い専門知識を私たちのチームにもたらすことを期待しています。

08 製品に関する専門知識を養うことができる環境を作ります。

09 投資会社での仕事を得るために、私は家族経営を成長させる専門知識を活用しました。

10 私たちは、優秀なスタッフの専門知識を最大限に活かすよう努めています。

正解 1. deepen 2. apply 3. acquire 4. sharing 5. accumulated 6. lack

コアイメージ

主に「専門的な知識やスキル」を指す単語です。「一般的なスキル」を指すskillに比べてよりレベルが高く、専門性が出てきます。不可算名詞として使われる点に注意しましょう。

日本語訳と頭文字をヒントに、より自然な
組み合わせになる英単語を入れてみましょう。

01 We offer lots of learning opportunities to d_____ your expertise.

02 Our professionals a_____ extensive expertise to develop sustainable business solutions.

03 How did you a_____ expertise in this area?

04 We love s_____ our marketing expertise with local companies.

05 Mr. Lee has a_____ a wealth of expertise and techniques in this field.

06 Many small businesses l_____ the expertise to conduct extensive surveys.

07 I expect you to b_____ your in-depth expertise to our team.

08 We will create an environment where you can d_____ product expertise.

09 I l_____ my expertise in growing family businesses to get a job at the investment company.

10 We work to m_____ the expertise of our highly qualified staff members.

7. bring   8. develop   9. leveraged   10. maximize   →詳細解説は次頁へ

135

method 02

○「相性動詞＋expertise」の組み合わせ

「専門知識［技術］を持つ／身につける」の使い分け >> **PICK-UP!**

 一般的な言い方

■ **have** expertise　専門知識［技術］を持つ

much better　世界を唸らせる言い方

1 **build** expertise
（専門知識［技術］を構築する）

2 **build on** expertise
（専門知識［技術］を身につける）

3 **accumulate** expertise
（専門知識［技術］を蓄積する）
develop expertise
（専門知識［技術］を築く）
acquire[gain] expertise
（専門知識［技術］を習得する）

1 2　build expertiseは「ゼロから専門知識を習得していく」場合に使われますが、build onは「すでにある専門知識の上にさらに専門知識を習得する」場合に使われます。前置詞onがあることで「今あるものの上に重ねていく」ようなイメージを持っておけばいいでしょう。表現としてはちょっとした違いですが、意味上は大きな違いがあるので正確に把握しておけば表現の持つニュアンスをうまく操ることができます。

3　buildやaccumulate、developは「時間をかけながら専門知識を習得していくこと」がイメージされますが、acquireやgainは「結果」に焦点が当てられて「専門知識を習得した」という成果を強調するシーンで使われると考えましょう。

専門知識［技術］を必要とする

■ **need** expertise　必要とする
■ **require** expertise　必要とする

専門知識[技術]を提供する

- **bring** expertise　提供する
- **provide** expertise　提供する
- **offer** expertise　提供する

bringよりもprovideのほうがかたい単語です。offerは基本単語ですが、ビジネスシーンで好まれます。

専門知識[技術]を活用する

- **use** expertise　使う
- **maximize** expertise　最大限の（専門知識[技術]を）使う
- **leverage** expertise　活用する

maximize expertiseは「最大限に」というところがポイント。leverage expertiseは「戦略的にある目的を達成するために専門知識を活用する」という意味があります。ちなみに名詞形leverは「てこ」という意味です。

others

- **share** expertise　共有する
- **deepen** expertise　深める
- **apply** expertise　適用する
- **lack** expertise　欠く

○「相性形容詞＋expertise」の組み合わせ

- **considerable** expertise　相当の専門知識[技術]
- **extensive** expertise　幅広い専門知識[技術]
- **appropriate** expertise　適切な専門知識[技術]
- **business** expertise　ビジネスに関する専門知識[技術]
- **clinical** expertise　臨床の専門知識[技術]
- **medical** expertise　医療の専門知識[技術]
- **professional** expertise　プロとしての専門知識[技術]
- **scientific** expertise　科学的な専門知識[技術]
- **technical** expertise　技術的な専門知識[技術]
- **internal** expertise　社内の専門知識[技術]
- **marketing** expertise　マーケティングの専門知識[技術]

expertiseは専門的なスキルを意味するので医療現場の用語としても多用されます。

method 03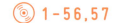

長文スピーキング

これまでに紹介してきた相性動詞・形容詞を使った
文章や会話をスピーキング練習しよう。

スピーチ

Dear outreach team, I would like to present our newest member-Tod Jameson. Tod **accumulated considerable expertise** in sales and marketing strategies while working as the development manager at Asa Solutions for five years. During his time at Asa Solutions, Tod **used his extensive expertise** to help his colleagues tap into new markets and the company reach new clientele. We are pleased to welcome Tod to the team, and we are looking forward to working together with him. I urge everyone to introduce themselves to Tod and help him with any questions he might have.

訳

アウトリーチチームの皆さん、私は、最新のメンバーであるTod Jamesonを紹介したいと思います。Todは、Asa Solutionsの開発マネージャーとして5年間勤め、セールスとマーケティング戦略において相当な専門知識を蓄積してきました。Asa Solutionsに在籍中、Todは、同僚が新しい市場に参入し、会社が新しい顧客にリーチする手助けをするために広範な専門知識を使ったのです。私たちはTodをチームに迎え入れることを嬉しく思っており、彼と一緒に働くことを楽しみにしています。皆さんがTodに自己紹介し、彼の抱く疑問の手助けをすることを期待します。

会話

A: Hi, Thomas. How did your job interview go?
B: It went very well, Ruth. Thank you for asking.
A: How did you find the interview questions?
B: I found them to be relatively straightforward. I was able to answer them quickly, concisely, and, it appears, to my interviewer's satisfaction, since we moved almost immediately into salary negotiations. I was able to **leverage my expertise** in Bluetooth connectivity software development to secure a higher hourly rate than I currently have.
A: That sounds great!
B: Yes. I am looking forward to starting there in three weeks and learning more about the workplace culture firsthand.

訳

A: やあ、Thomas。面接はどうだった?
B: とてもうまくいったよ、Ruth。聞いてくれてありがとう。
A: 面接の質問はどう感じた?
B: 比較的単刀直入だと思ったね。迅速かつ簡潔に答えることができたし、すぐに給料交渉に入ることができたから面接官の期待に応えることができたようだし。Bluetooth接続ソフトウェア開発における私の専門知識を活用して、現在よりも高い時間当たりの料金を確保することができた。
A: 素晴らしい!
B: うん。3週間後、そこでの仕事が始められ、職場の文化について知れることを楽しみにしているんだ。

| method 01 | method 04 | 1-58

No.20　Measure

○ 短文スピーキング

01 今四半期には、新しいコスト削減策を実施する予定です。

02 我々は従業員の人材確保を強化するための大胆な措置を考案します。

03 Jackieは、工場での事故を完全に防止するための予防措置を講じます。

04 現在の状況にただちに取り組むために、私たちは場当たり的な措置を講じます。

05 このリーダーシップの目標は、当社の最も緊急な課題に対処するための対策を強化することです。

06 私たちは、サービスの価格を15％引き上げることにより苦しまぎれの措置をとる予定です。

07 彼らは、異なる拠点間のコミュニケーションを容易にするために、措置を講じた。

08 同社はただちにオイル流出災害に対処するための浄化対策を展開した。

09 私たちのマネージャーはこの30分で、新しい方策の要点を述べました。

10 賢明な手段を策定するために時間を費やすことは、常に私たちのビジネスの基礎となっています。

正解　1. implement　2. devise　3. take　4. carry　5. strengthen　6. adopt

コアイメージ

動詞としてもなじみのあるmeasureですが、ここでは名詞の使い方を見ていきます。名詞で使う時は、「何かを達成する方法や状況に対処するための手段」といった意味で使われます。

日本語訳と頭文字をヒントに、より自然な組み合わせになる英単語を入れてみましょう。

01 This quarter we are looking to i_____ new cost-saving measures.

02 We will d_____ bold measures to improve employee retention.

03 Jackie will t_____ full precautionary measures to prevent accidents at our factories.

04 To immediately address the current situation, we will c_____ out ad hoc measures.

05 The goal of this leadership is to s_____ measures to address the most pressing issues in our company.

06 We will a_____ last-ditch measures by increasing the price of our service by 15%.

07 They t_____ measures to ease communication between different company branches.

08 The company immediately d_____ clean-up measures to address the oil spill disaster.

09 Our manager spent the past half an hour o_____ new measures.

10 Taking the time to f_____ sensible measures has always been the cornerstone of our business.

7. took 8. deployed 9. outlining 10. formulate   →詳細解説は次頁へ

141

method 02

「相性動詞+measure」の組み合わせ

「策を講じる」の使い分け >> **PICK-UP!**

👌 OK　一般的な言い方

■ **take** measures　策を講じる

👍 much better　世界を唸らせる言い方

1 **carry out** measures
（策を講じる）

2 **implement** measures
（策を実行する）

3 **adopt** measures
（策を実行する）

定番の動詞であるtakeでも意味は通じますが、シーンに応じてより適切な表現を使えるように見ていきましょう。

1 carry out measuresは単純に実行するだけではなく、「完成までの道筋を意識した」ニュアンスを持つ表現なので「強い決意を持っている」ことを含んでいます。
carry outは他にも、carry out research、carry out a projectなどと使います。

2 implementはcarry outと似てはいますが、ゴールから逆算して強い決意を持っていることは含んでいない点が大きい違いです。かための単語です。

3 adopt measuresは自分で考えたものではなく「他人からの提案を受け入れ、それを実行する時」に使われます。adoptには「〜を養子にする」という意味があることからイメージを汲み取るといいでしょう。adoptは「採用する」という意味で使われることが多いので、アイデアの源泉は自分以外にあることがポイントですね。

策を考え出す

- **come up with** measures　思いつく／考え出す
- **devise** measures to　（〜する策を）考え出す／考案する
- **formulate** measures to　（〜する策を）策定する／練り上げる
- **consider** measures　考える
- **mull** measures　検討する

deviseとformulateの意味はとても似ていますが、formulateのほうがより「作り出す」というニュアンスが強くなります。

others

- **employ** measures　採用する
- **propose** measures　示す
- **outline** measures　（方策の）要点を述べる
- **develop** measures　構築する
- **strengthen** measures　強化する
- **deploy** measures　展開する

○「相性形容詞＋measure」の組み合わせ

- **cost-saving** measures　経費削減策
- **bold** measures　思い切った策
- **specific** measures　具体的な策
- **practical** measures　具体的で現実的な策
- **concrete** measures　具体的な策
- **desperate** measures　苦肉の策
- **last-ditch** measures　苦肉の策
- **stopgap** measures　その場しのぎの対策
- **ad hoc** measures　場当たり的な対策
- **precautionary** measures　予防策
- **sensible** measuress　賢明な策
- **adequate** measures　十分な対策

specificは具体的ですが特に「重要である」という意味は伴いません。concreteは「重要である」ということが意味に含まれます。practicalは実行可能性がニュアンスに含まれます。desperateは深刻な状況に置かれていることが伝わってきますが、last-ditchはそれに加えて「成功する可能性が極めて低い」というニュアンスが加わります。

method 03　長文スピーキング

> これまでに紹介してきた相性動詞・形容詞を使った
> 文章や会話をスピーキング練習しよう。

スピーチ

I gathered you all here today because, as of this morning, we have been informed that one of our oil tankers has leaked several hundreds of gallons of oil into the Persian Gulf. We have already taken a **stopgap measure** to remove the tanker. Clean-up crews have been dispatched, but the issue is attracting mainstream media, so we need to **come up with adequate measures** to address the problem over the long-term and explain these to the press. I would like to stress the urgency of this issue, and I am open to your suggestions.

訳

今日皆さんにここにお集まりいただいたのは、今朝、私たちのタンカーが数百ガロンの石油をペルシャ湾に漏らしたことの知らせが入ったからです。すでにその場しのぎの措置が採られ、タンカーは除去されています。除染員が派遣されましたが、この問題は主要なメディアを引きつけており、この問題に長期的に取り組み、それをメディアに釈明する十分な策を考え出す必要があります。私はこの問題の緊急性を強調したいと思いますし、私は皆さんの提案を聞きたいです。

会話

A: Jane, I was meaning to speak with you...
B: Of course, Terrance. How can I help?
A: The VP is looking into **implementing a new round of cost-saving measures** next quarter in order to ensure that our stock keeps growing in value. Do you have any ideas?
B: I can take a look at the programs we currently have and where we can cut first. I would also suggest speaking with Toni who can give you leads on measures to decrease the costs of production.
A: Thanks, Jane. I will contact Toni right away. When can I expect the specifics from you?
B: I can email you the list by tomorrow afternoon.
A: That's perfect. Thank you for your help, Jane.

訳

A: Jane、あなたと話したかったんだよ?
B: もちろん、Terrance。どうしたの?
A: 当社の株が確実に価値を高め続けるために、部長は次の四半期に、新しいコスト削減策を導入することを検討しています。何かアイデアはありますか?
B: 私たちが現在持っているプログラムを見てみて、最初にどこでカットできるのか見てみることができます。また、Toniと話すことをお勧めします。Toniは、生産コストを削減する策についての糸口をくれるでしょう。
A: ありがとう、Jane。すぐにToniに連絡します。詳細はいつまでにもらえそうですか?
B: 明日の午後までにあなたにリストをメールで送りますよ。
A: 完璧です。助けてくれてありがとう、Jane。

No.21 | Responsibility

method 01 | method 04 | 1-61

○ 短文スピーキング

01 あなたのチームには、すべての問い合わせを処理する責任が割り当てられています。

02 彼は自分の行動に対する責任を放棄しようとした。

03 売主は、不適切な梱包による損害について全責任を負います。

04 あなたは個人の責任を免れるために何の言い訳をしましたか?

05 今こそあなたの責任を把握する時です。

06 彼らがなぜ私たちに責任を押しつけるのかわかりません。

07 私たちのリーダーの責任について質問する余地はありません。

08 このことで起こり得るどんな事故に関しても責任は負いかねます。

09 非行を報告するという私たちの責任は決して忘れません。

10 彼はさらなる責任を背負う準備ができています。

正解　1. allocated　2. abdicate　3. bear　4. evade　5. seize　6. thrust

コアイメージ

自分の仕事や義務を遂行する「責任」を指します。通常、抽象的な名詞として単数形で使用されます。複数形で使われる場合は「役務」という意味で使われることが多いです。

日本語訳と頭文字をヒントに、より自然な組み合わせになる英単語を入れてみましょう。

01 Your team has been a_____ responsibility for dealing with any queries.

02 He tried to a_____ responsibility for his own behaviour.

03 The seller shall b_____ full responsibility for damage due to improper packing.

04 What excuses did you make to e_____ personal responsibility?

05 It is time to s_____ responsibility for yourself.

06 I don't understand why they t_____ the responsibility on us.

07 There is no room to q_____ the responsibility of our leader.

08 We are not liable and a_____ no responsibility for any accidents this may cause.

09 We never d_____ our responsibility to report incidents of misconduct.

10 He is ready to s_____ additional responsibility.

7. question   8. assume   9. duck   10. shoulder   →詳細解説は次頁へ

147

method 02

○「相性動詞+responsibility」の組み合わせ

「責任を負う／持っている」の使い分け >> **PICK-UP!**

👌 OK　一般的な言い方

- **have** responsibility　責任を持っている
- **take** responsibility　責任を負う
- **hold** responsibility　責任を負う

👍 much better　世界を唸らせる言い方

1 shoulder responsibility
（責任を背負う）

2 bear responsibility
（責任を負う）

3 undertake responsibility
（責任を請け負う）

1 shoulder responsibilityは「肩の上に責任がのしかかっている」、つまり「ネガティブな責任を背負う」イメージで使いましょう。

2 bearも同様にネガティブな印象を持ちます。「好ましくないものを負う」時に使われるので「みずから望んで負った責任ではなく仕方なく負う」というニュアンスを頭に入れておきましょう。他にもbear a riskなどと使います。

3 take responsibilityは「過去の事柄に対しての責任を負う」場合に使われる一方で、undertake responsibilityは「これから起こり得る事柄への責任を負う」シーンで使われます（例: I am ready to undertake responsibility for this project.）。
haveやtakeなど基本動詞から一歩踏み込んで、こういったこなれた表現を使えると一目置かれるので、ぜひ会話に取り入れてください。

他の表現
- **accept** responsibility　認める
- **assume** responsibility　負う
- **carry** responsibility　持っている
- **retain** responsibility　保持する

retain responsibilityは一般的な責任よりもむしろ「法的責任を負う」シーンで使われることが多く、フォーマルな表現です。

責任逃れをする

- **evade** responsibility　逃れる
- **shirk** responsibility　逃れる
- **abandon** responsibility　放棄する
- **disavow** responsibility　否認する
- **abdicate** responsibility　放棄する
- **shun** responsibility　逃れる
- **duck** responsibility　逃れる

duckは「アヒル」ですが、動詞で使われる場合は「(責任・仕事・攻撃などを)避ける／かわす」という意味で使われます。
abdicateは、「王位、権利や義務などを捨てる／放棄する」という意味です。

責任を分担する

- **assign** responsibility to　(〜に責任を)割り当てる
- **allocate** responsibility to　(〜に責任を)割り当てる
- **delegate** responsibility to　(〜に責任を)委譲する
- **diffuse** responsibility　分散させる
- **share** responsibility with　(〜と責任を)分担する

others

- **demonstrate** responsibility　表明する
- **seize** responsibility　把握する
- **fulfill** responsibility　果たす
- **thrust** responsibility on　(〜に責任を)押しつける
- **question** responsibility　質問する／疑問視する

thrustは「ナイフやフォークで突き刺す」という意味があるように「無理矢理押しつける」ネガティブなイメージを持ちます。

method 03 長文スピーキング

これまでに紹介してきた相性動詞・形容詞を使った
文章や会話をスピーキング練習しよう。

スピーチ

Thank you for informing me of the change. Since our CEO unexpectedly passed away in a car accident, I agree to **assume his responsibilities** for managing the company until we find a suitable replacement. I would also like to express my deepest condolences to Rick Grierson's family, and I believe I speak for all when I say that Rick was an excellent CEO and a dear friend who always **fulfilled his responsibilities**. He will surely be missed. In the meantime, the shareholders have been informed, and the senior management has been told to keep business as usual.

訳

変更をお知らせいただきありがとうございます。私たちのCEOは昨夜、予期せず致命的な交通事故で逝去されたため、私は適切な代わりの人材が見つかるまで会社を管理する責任を負うことに同意します。私はRick Griersonの家族に心からお悔やみを申し上げたいと思います。Rickは優れたCEOであり、常に責務を果たした親友でした。彼の存在は確かに惜しまれることでしょう。さて、株主はこのことを知らされ、上級管理職は通常通り事業を継続するように言われました。

会話

A: Were you in the meeting with the Environmental Protection Agency this morning?
B: Yes. I didn't see you there.
A: I came in late, so I sat in the back. Seems like the third party was able to verify the pollution data.
B: Yes, and according to government regulations, we must **accept full responsibility** for the ground water pollution which our natural gas extraction efforts have caused.
A: The company can afford to pay several hundred thousand dollars in fines and **take responsibility** for cleanup. I just hope that prison sentences are not involved.

訳

A: 今朝、環境保護局との会合にいたのですか?
B: はい。君はいなかったよね。
A: 遅れたので、私は後ろのほうに座りました。第三機関が汚染データを確認できたようです。
B: はい、政府の規制にしたがって、天然ガス採掘の取り組みによって引き起こされた地下水汚染についての全責任を負わなければなりません。
A: 会社は罰金で数十万ドルを払い、浄化の責任を負います。私は、懲役刑にはならないことを願っています。

method 01 **method 04** 🎵 1-64

No.22 | Awareness

○ 短文スピーキング

01 私たちは新しい製品とサービスについての関心を高めようとしている。

02 このプロジェクトはブランドの独自性への一般の認識を作り上げることを目標としている。

03 私たちのチームは消費者の環境問題についての認識を高めるために、より努力をするべきだ。

04 メンタルヘルスの重要性への認識を広めることは、とても重要である。

05 家庭内暴力についての認識を高めるキャンペーンの一環として、政府は電車の中吊り広告を始めた。

06 私たちの顧客における環境問題への認識を促進するために、より多くのことが行われる必要がある。

07 ユーザーの本当のニーズに関して従業員の認識を高めることに取り組みましょう。

08 私たちの使命は臓器ドナーへの関心を高めることです。

09 どうしたら情報セキュリティーマネジメントシステムに対する従業員の意識を高められるでしょうか？

10 その企業は安全に対するリスクの認知が足りなかったことを認めた。

正解 1. raise 2. create 3. boost 4. spread 5. heighten 6. promote

> **コアイメージ**
>
> awareの名詞であるawarenessは「意識」や「認識」という意味で使われることが多いです。「用心する」という原義を持ちます。

> 日本語訳と頭文字をヒントに、より自然な
> 組み合わせになる英単語を入れてみましょう。

01 We are just trying to r_____ awareness of our new product and services.

02 This project aims to c_____ public awareness of brand identity.

03 Our team should make more effort to b_____ consumer awareness of environmental issues.

04 It is very important to s_____ awareness of the importance of mental health.

05 In an effort to h_____ awareness of domestic violence, the government has initiated a campaign to highlight the problem on train banners.

06 More should be done to p_____ environmental awareness among our customers.

07 Let's focus on d_____ our employees' awareness of the real needs of our users.

08 Our mission is to p_____ awareness of organ donation.

09 How can we f_____ employee awareness of information security management?

10 The company has a_____ insufficient awareness of safety risks.

7. developing   8. propagate   9. foster   10. admitted   →詳細解説は次頁へ

method 02

◯「相性動詞＋awareness」の組み合わせ

「認識を高める」の使い分け　>> PICK-UP!

OK　一般的な言い方

- **increase** awareness　認識を高める
- **raise** awareness　認識を高める

much better　世界を唸らせる言い方

1 heighten awareness
（認識を高める）

2 boost awareness
（認識を高める）

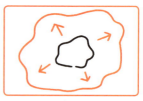
3 propagate[spread] awareness
（認識を伝える／広げる）

1 boostは少しカジュアルなので、heightenのほうがビジネスシーンには合います。heightenはニュートラルに「現在のレベルよりも高いところに対象物を移動させる」イメージです。強さや思いはあまり伝わってきません。

2 boostはbooster seat（チャイルドシート）から想像がつくように「下から何かを押し上げて支える」イメージ。ポジティブで力強さが感じられます。

3 propagateは、「繁殖させる／伝播させる」という意味で使われることから、他の2つと違い「平面的に広がっていく」イメージを持っています。

認識を生み出す／促す

- **build** awareness　深める
- **develop** awareness　深める
- **create** awareness　促す

- **generate** awareness　生み出す
- **foster** awareness　育てる
- **promote** awareness　喚起する

buildはタワーを建てるようなイメージで「認識がないところに新しく建てていく」ようなニュアンスを持ちます。developは「何もないところから始めて作り上げていく」ようなイメージです。generateは「エネルギーを送り込んでいく」ようなイメージです。fosterもpromoteも「すでに存在する認識をサポートしていく」イメージを持ちます。

others

- **achieve** awareness　得る
- **share** awareness　共有する
- **reflect** awareness　反映する
- **reduce** awareness　鈍らせる
- **lack** awareness　欠いている
- **admit** awareness　認める

◯「相性形容詞+awareness」の組み合わせ

ポジティブ	ネガティブ
growing awareness　高まる認識	insufficient awareness　不十分な認識
strong awareness　強い意識	reduced awareness　狭められた認識
deep awareness　深い認識	
keen awareness　鋭い認識	
true awareness　正しい認識	

others

- **public** awareness　世間の意識
- **audience** awareness　視聴者意識
- **consumer** awareness　消費者意識
- **customer** awareness　顧客意識
- **management** awareness　経営認識
- **quality** awareness　品質意識
- **problem** awareness　問題認識
- **self**-awareness　自己認識
- **environmental** awareness　環境意識

method 03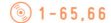

◯ 長文スピーキング

> これまでに紹介してきた相性動詞・形容詞を使った
> 文章や会話をスピーキング練習しよう。

スピーチ

Hello everybody, This month we are partnering with the Susan B. Anthony foundation. We will be printing new labels for our products, which will include a pink ribbon in the top left corner. As a result of the partnership, 2% of the sales will go towards the foundation to fund cancer research. Our partnership with the Susan B. Anthony foundation will **raise public awareness of** breast cancer and show just how many women the disease affects each year. It will also **promote awareness of** us as a socially responsible company which cares about the communities it serves.

訳

こんにちは、皆さん。今月我々はSusan B. Anthony財団と提携します。左上隅にピンクのリボンが入った商品用の新しいラベルを印刷します。パートナーシップの結果、売上高の2％が癌研究の資金となるでしょう。Susan B. Anthony財団とのパートナーシップは、乳がんに関する一般市民の意識を高め、毎年何人の女性が病気にかかっているかを示します。また、地域社会に関心を持つ社会的責任のある企業として私たちを周知させることでしょう。

会話

A: New data confirms that if we do not decrease our reliance on fossil fuels, global temperatures will increase 2%. Scientists say that we are already half-way there with the effects being non-reversible. Many people know that the global temperature will increase, but how do we **foster awareness of** global warming to institute change?

B: First, we launch public service campaigns in coastal cities, **raising awareness of** the effects the rising ocean levels can have on the residents there. If the ocean levels continue to rise, certain coastal cities will not only lose their resorts and beachfront hotels, but could disappear under the water entirely.

A: Great idea, Paula. Anyone else?

訳

A: 化石燃料への依存度を低下させなければ、地球の温度は2％増加するとの新しいデータがあります。科学者たちは、私たちはすでに半分のところまできており、その影響は不可逆的であることを示しています。温暖化が進行することを多くの人が知っていますが、地球温暖化への意識を変化させるためには、どうすればよいでしょうか？

B: まず、沿岸都市で公共サービスキャンペーンを開始し、海面水位の上昇が住民に与える影響への認識を高めるのはどうでしょうか。海面水位が上昇し続けると、一部の沿岸都市はリゾートやビーチ前のホテルを失うだけでなく、水面下に完全に沈む可能性すらあります。

A: 素晴らしいアイデアですね、Paula。他に誰か？

method 01 | method 04 | 1-67

No.23 | Decision

○ 短文スピーキング

01 決断を後押しする十分な文書があります。

02 決断を正当化するためには相当量の情報が必要です。

03 我々はチームを率いる彼の大胆な決断に拍手を送る。

04 専門分野を変更するあなたの決断を促したのは何ですか?

05 マネージャーは彼にその場しのぎの決断をしないようにと訴えた。

06 多くの人々があなたの実用的な決断を賞賛し、少数の人々はそれを非難します。

07 チャンスを逃すことのないように即断しよう。

08 私たちは、購買決定を先送りする顧客に関する問題を解決するための戦略を立てるべきです。

09 あなたが想像することができたように、それは悲痛な決断でした。

10 あなたの決断について詳しく説明してもらえますか?

正解　1. back　2. justify　3. applaud　4. prompted　5. make　6. praise

コアイメージ

「決定」に相当する最も一般的な語はdecisionです。determinationやresolutionになると、もっとかたい語感です。resolutionは機関などが法的に行う「最終決定」です。

日本語訳と頭文字をヒントに、より自然な組み合わせになる英単語を入れてみましょう。

01 We have sufficient documentation to b_____ our decision.

02 A substantial amount of information is needed to j_____ the decision.

03 We a_____ his bold decision to lead the team.

04 What p_____ your decision to change fields?

05 The manager urged him not to m_____ an ad hoc decision.

06 Many people will surely p_____ your practical decision, and a few will condemn it.

07 R_____ a quick decision so that you will not miss the opportunity.

08 We should have a strategy to solve problems with customers who p_____ off buying decisions.

09 As you can imagine, it was a h_____ decision to make.

10 Can you e_____ on your decision, please?

7. Reach　8. put　9. heartbreaking　10. elaborate　→詳細解説は次頁へ

method 02

○「相性動詞＋decision」の組み合わせ

「決断を受け入れる」の使い分け >> **PICK-UP!**

👌 OK 一般的な言い方

- **accept** a decision　決断を受け入れる
- **support** a decision　決断を支持する

👍 much better 世界を唸らせる言い方

1 reinforce a decision
（決断を強固にする）

2 justify a decision
（決断を正当化する）

3 back a decision
（決断を後押しする）

　acceptは「申し出を受け入れる」、受動的な印象のある単語で、定番表現です。当然、supportを使ったほうが、「話者の意思」が全面に出てきます。

1　reinforceはjustifyに比べてネガティブ度合いが下がります。特段、懐疑的な人がいなくても、その決断をより強いもの、確かなものになるように決断の根拠を提供するイメージです。

2　justifyは「それをする理由を与える」ということですから、justify a decisionは「なぜその決断が必要なのか」、その正当性を説明します。つまり、その決断に懐疑的な人がいる時に使います。

3　backは、「物質的もしくは精神的なサポートをする」という意味を持っています。「背中」という意味があるように、「背中をしっかりと支える」イメージから「後押し」という和訳がフィットします。

決断を高く評価する

- **praise** a decision　高く評価する
- **applaud** a decision　称賛する／拍手を送る

決断する

- **make** a decision　下す／達する
- **reach** a decision　決断する／達する

箱をイメージしてみましょう。make a decisionは「箱を作る」イメージを持ちますが、reach a decisionは「探している箱にたどり着くまで時間がかかる」ようなイメージがあります。

決断を先送りにする

- **postpone** a decision　先送りにする
- **delay** a decision　遅らせる
- **put off** a decision　先送りにする

postponeは「将来それに取り組むことが前提で先送りをする」というニュアンスを持っています。それに比べてdelayやput offには、そのニュアンスがありません。
postponeに比べると、put offはカジュアルで話し言葉で好まれます。

決断を促す

- **prompt** a decision　促す
- **require** a decision　求める
- **demand** a decision　求める

promptはポジティブな意味を持っていますが、requireとdemandは「プレッシャーを外からかけている」イメージがあります。

others

- **elaborate on** a decision　（決断について）詳しく説明する

elaborateはlabor（労働）を含むように「苦心して仕上げる／計画を練り上げる」という意味があります。よって単に説明するのではなく「詳細を、丁寧に」というニュアンスが入ります。

○「相性形容詞＋decision」の組み合わせ

- **snap** decision　素早い決断
- **heartbreaking** decision　悲痛な決断
- **ad hoc** decision　その場しのぎの決断
- **practical** decision　実用的な決断
- **buying** decision　購買決定
- **bold** decision　大胆な決断

method 03

○ 長文スピーキング

これまでに紹介してきた相性動詞・形容詞を使った
文章や会話をスピーキング練習しよう。

スピーチ

The reason for the flood of negative reviews last week was due to the fact that two members of my team **made a snap decision** without consulting the team to proceed with the app update launch despite knowing there were bugs to be fixed. I just got back from vacation today, and the team informed me that all the bugs were resolved. We already communicated with the customer service department and are gathering a list of specific user concerns so that my team of engineers can **reach a decision** about what to do next as quickly as possible.

訳

先週殺到した否定的な意見は、私のチームの2人のメンバーが、バグの修正が必要であることを把握していながら、アプリのアップデートを進めるためにチームに相談せずに急な決定を下したことによるものです。私はちょうど今日休暇から戻ってきたところなのですが、チームから、すべてのバグが解決されたと報告を受けました。私たちはすぐにチームのエンジニアが何をすべきか決断できるようにすでにカスタマーサービス部門と連絡を取り合い、ユーザーの懸念事項を収集しています。

会話

A: Sean, I was very surprised by your announcement yesterday.
B: Many people were.
A: What prompted you to **back such a bold decision**?
B: Raya Soloman has been one of our top performers for years, so when she stated that she was going to leave our company and start her own venture capital firm, I not only encouraged her to do so but also offered 1million in funding. I see Raya's ability to **make smart investment decisions**, and I want our businesses to cooperate in the future to find new talent.
A: That's a smart move. You always know how to keep brilliant people in your inner circle.

訳

A: Sean、私は昨日のあなたの発表に非常に驚かされました。
B: 多くの人が驚きましたね。
A: 何がそのような大胆な決断を後押ししたのですか？
B: Raya Solomanは長年にわたって我が社の最高のパフォーマーの1人でしたので、彼女が会社を辞め自分のベンチャーキャピタル会社を設立すると言った時、私は彼女を励ますだけでなく、100万ドルの資金を提供しました。Rayaには、懸命な投資判断を下す才能があると見ており、今後も新しい人材の育成に私たちは協力していきたいと考えています。
A: それは賢明な動きですね。あなたはいつも賢い人々を近くに保つ方法を知っていますね。

No.24 | Profit

method 01　**method 04**　🔘 1-70

○ 短文スピーキング

01　コストを削減することが、利益をひねり出すための最も確実な方法です。

02　同社は過去3年間で利益を水増ししていることが判明しました。

03　私たちは、海外売上高から長期的な利益を予想しています。

04　Hinton社は昨年多額の利益を手に入れた。

05　エグゼクティブは、近年生み出した膨大な利益を活用するようです。

06　当社は、Bullet Railwaysと利益を分配することに合意しました。

07　彼らは地域の小売業者に対する市場シェアのために利益を犠牲にし続けている。

08　デジタルメディアから利益を得るための私たちの計画は、見直される必要があります。

09　TLYリテールは、当社から持続可能な利益を紡ぎ出す計画です。

10　あなたのビジネスは絶えず好ましい利益を生み出していますか?

正解　1. eke　2. padding　3. envisioning [expecting]　4. reaped　5. deploy　6. share

コアイメージ

ビジネスの頻出単語profitには「進歩、向上」という原義があります。同じ「利益」でもgainは不正やギャンブルで得たもうけになるので、使い分けに注意してください。

日本語訳と頭文字をヒントに、より自然な組み合わせになる英単語を入れてみましょう。

01 Cutting costs is the surest way to e＿＿＿＿ out profits.

02 The company was found to have been p＿＿＿＿ its profits for the past 3 years.

03 We are e＿＿＿＿ long-run profits from foreign sales.

04 Hinton Company r＿＿＿＿ bumper profits last year.

05 The executives plan to d＿＿＿＿ the untold profits generated in recent years.

06 Our company has agreed to s＿＿＿＿ the profits with Bullet Railways.

07 They are continuing to s＿＿＿＿ profits for market share gains against regional retailers.

08 Our plan to w＿＿＿＿ profits from digital media needs to be reviewed.

09 TLY Retailing plans to s＿＿＿＿ sustainable profits from us.

10 Has your business consistently g＿＿＿＿ an acceptable profit?

7. sacrifice　8. wring　9. spin　10. generated　　→詳細解説は次頁へ

method 02

○「相性動詞+profit」の組み合わせ

「利益を出す」の使い分け >> **PICK-UP!**

👌 OK　一般的な言い方

- **make** a profit　利益をもたらす
- **generate** a profit　利益を生み出す

👍 much better　世界を唸らせる言い方

1 eke out a profit
（利益を（何とかして）ひねり出す）

2 reap profits
（利益を手に入れる）

3 wring profits
（利益を得る／絞り出す）

1 eke outは「何とかして少しのものをひねり出す」イメージの句動詞です。日常会話でもeke out a living（生活費を少しでもひねり出す）といった場面で使われます。

2 reapはreap a crop（作物を収穫する）を基準として理解するとわかりやすく、「植え付けるところからようやく作物（利益）を手にする」イメージです。利益を得るまでのプロセスがしっかり含まれています。

3 wringは「絞り出す」という意味を持っていて、「水を含んだタオルを絞って水を絞り出す」イメージで利益を生み出す時に使うとしっくりきます。reapと違って「植え付けて収穫」ではなく、「すでに利益の可能性を含んでいるものから利益を絞り出していく」イメージです。

他の表現
- **realize** a profit　得る

realizeは基本的な単語ですが、ニュアンスを正確に知らないかたもいるかもしれま

せん。この動詞は、「突然目が覚めて利益を手にする」ような含みがあり、利益を得るための手法が含まれていない点に気をつけましょう。

利益を分ける

- **split** the profits　分ける
- **halve** the profits　山分けする
- **share** the profits　分ける
- **divvy up** the profits　分配する

divvy upは通常複数人で分ける時に使います。

利益を不当に得る

- **skim** profits　かすめとる
- **pad** profits　水増しする

これらは基本的には不法な手段として利益を得る、ネガティブなイメージがあります。

others

- **spin** a profit　紡ぎ出す
- **sacrifice** profits　犠牲にする
- **reinvest** profits　再投資する
- **envision** profits　構想する／予想する
- **deploy** profits　活用する／展開する
- **ensure** profits　確実にする
- **expect** profits　期待する／予期する

○「相性形容詞+profit」の組み合わせ

- **windfall** profit　思いがけない利益
- **acceptable** profit　好ましい利益
- **untold** profit　膨大な利益／数えられない利益
- **long-run** profit　長期的な利益
- **sustainable** profit　持続可能な利益
- **bumper** profit　多額な利益

windfallの意味は文字通り「収穫前に風で落ちた果物」。そこから「思いがけない／たなぼたの」といった意味が生まれました。

長文スピーキング

これまでに紹介してきた相性動詞・形容詞を使った
文章や会話をスピーキング練習しよう。

スピーチ

I just received our monthly sales report, and it does not look good. We have barely **eked out a profit**. Since our company deals with perishable items, we really cannot afford to have them sitting in stock long before being sold; therefore, I am switching us to drop shipping to **generate sustainable profits**. Please communicate to your clients that shipping will now take between 3-4 weeks instead of 2, but the customer will not have to shoulder the cost. Thank you for being flexible.

訳

ちょうど今、月間売上レポートを受け取りましたが、あまりよくありませんね。ほとんど利益を出すことができませんでした。私たちの会社は生鮮食品を取り扱っているため、販売する前にあまりにも長い在庫期間があってはいけません。したがって、持続可能な利益を生み出すために直送へ切り替えます。出荷までに2週間ではなく、今は3〜4週間必要であるということ、しかしお客様は費用を負担する必要はないということを取引先に伝えてください。柔軟な対応をありがとう。

会話

A: Julie, did you hear about the last check that came in?
B: I spoke with Susanne from accounting and she told me that she was able to recover $250,000 in outstanding payments from OneCare Health. This **ensures profits** for the quarter.
A: What a **windfall profit**!
B: Susanne is amazing.
A: She really is but don't tell anyone I told you. This is supposed to be confidential information. If anyone finds out, we will both get in trouble.
B: Noted.

訳

A: Julie、最後に届いた小切手に関して何か聞きましたか?
B: 経理のSusanneと話をし、OneCare Healthから未払い分の25万ドルを回収できることを教えてくれました。これで今四半期の利益が確実となります。
A: なんと思いがけない利益ですね!
B: Susanneは素晴らしいです。
A: 本当に彼女は素晴らしいですが、私があなたに話したということは誰にも言わないでください。これは秘密の情報であるべきで、もし誰かが知ってしまったら私たちはどちらも問題に巻き込まれます。
B: 承知しました。

No.25　Risk

method 01　method 04　🎧 1-73

○ 短文スピーキング

01　我々は、次のプロジェクトにおける摩擦を最小限に抑えるために、リスクを分散させるためにできることのすべてを行っている。

02　クラウドソーシングの経済的利点がセキュリティリスクを上回っている。

03　パイロットプロジェクトがビジネスリスクを緩和する。

04　潜在的なリスクを無視すると問題が発生する。

05　これらの弱点は、市場での当社の存在に巨大なリスクをもたらす可能性があります。

06　消費者は不健康な食事のリスクを過小評価する傾向があります。

07　売り手は、配送先に配送されるまで商品の紛失や損害のリスクを全面的に負わなければならない。

08　組織によっては、不注意から回避可能な情報漏えいのリスクにさらされる可能性が高いところもあります。

09　途上国への多くの投資は、投資家が評価することが難しい実質的なリスクを伴います。

10　私たちは、指導者たちが予想していた以上に大きなリスクを負う可能性があります。

正解　1. disperse　2. outweigh　3. mitigate　4. disregard　5. pose　6. underestimate

コアイメージ

日本人は「リスク」をネガティブなものとして捉えがちですが、必ずしもそうとも限りません。リターンとリスクを天びんにかけ、冷静な判断をしていくことがグローバル社会で求められています。

日本語訳と頭文字をヒントに、より自然な組み合わせになる英単語を入れてみましょう。

01 We're doing everything possible to d_____ risk in order to minimize friction in the next projects.

02 Economic benefits of crowd sourcing o_____ security risks.

03 Pilot projects m_____ business risks.

04 Problems arise when you d_____ potential risks.

05 These weaknesses could p_____ monstrous risks to our presence in the market.

06 Consumers tend to u_____ the risks of an unhealthy diet.

07 Sellers shall b_____ full risk of loss and damage to the goods until delivered to the destination.

08 Some organizations inadvertently e_____ themselves to the preventable risk of information leakage.

09 Many investments in developing countries e_____ real risks that are difficult for investors to assess.

10 We will likely i_____ greater risk than our leaders say they expect.

7. bear　8. expose　9. entail　10. incur　→詳細解説は次頁へ

171

method 02

○「相性動詞＋risk」の組み合わせ

「リスクを負う」の使い分け >> PICK-UP!

OK　一般的な言い方

■ run risk　リスクを冒す

much better　世界を唸らせる言い方

1 incur risk
（リスクを招く／負う）

2 take on risk
（リスクを引き受ける）

3 bear risk
（リスクを負う）

1 incur riskはビジネス英語では必ず押さえたい言い回し。「取った行動の結果リスクを負う」というようなニュアンスがあります（例：incur debts（債務を負う）、incur a danger（危険を招く））。

2 take onは「リスクを負う」よりは「引き受ける」ことに重点が置かれます。他にもtake on responsibilities（責任を引き受ける）という時にも使われ、好ましくないものを引き受ける時によく見かける表現です。

3 bear riskにも似たニュアンスがあり「妥協するのではなく我慢してリスクを引き受ける」意味合いです。
なお、riskの前にtheを伴うことがあります（例：the risk of losing money）。theを入れると「特定のリスクを負う」という意味になり、theを伴わない場合は「一般的なリスクを負う」という抽象的なイメージとなります。こういった細かい冠詞の使い分けができると「ビジネスでの信頼度」も上がるはずです。

リスクを招く

- **expose to** risk　さらされる
- **put someone at** risk　招く
- **entail** risk　伴う
- **impose** risk　負わせる
- **pose** risk　もたらす

これらすべてに共通するのは主語にくるものはリスクを運んでくるものです。put someone at riskは直接目的語を取り、その目的語がリスクを負うという関係になります。entailは元々「含意する」というかための単語。imposeのニュアンスはより多くの重荷を負わせるような嫌な感じが含まれています。

others

- **outweigh** risk　上回る
- **disperse** risk　分散させる
- **disregard** risk　無視する
- **underestimate** risk　過小評価する
- **mitigate** risk　緩和する

disperseのperseの原義は「まき散らす」なので、四方八方にリスクを分散させるイメージです。

○「相性形容詞＋risk」の組み合わせ

- **monstrous** risk　非常に大きなリスク
- **preventable** risk　回避可能なリスク
- **real** risk　現実的なリスク
- **full** risk　全面的なリスク
- **unnecessary** risk　不必要なリスク
- **financial** risk　財務リスク
- **security** risk　セキュリティリスク
- **business** risk　ビジネスリスク
- **potential** risk　潜在的なリスク
- **great** risk　大きなリスク

method 03 　長文スピーキング

> これまでに紹介してきた相性動詞・形容詞を使った
> 文章や会話をスピーキング練習しよう。

スピーチ

If I can get your attention please. As you all know, Clark is no longer with the company. I would like to make this announcement to dispel any rumors that might be floating around regarding his immediate termination. It has come to my attention that for the past month he has been authorizing the factory under his management to dump waste into nearby Crater lake, contaminating the drinking water of Littlegrove's inhabitants, damaging the health of plants and animals surrounding the lake, and **putting many lives at risk**. He was immediately fired for **imposing this unnecessary risk**. This company takes environmental preservation very seriously and will not tolerate such negligent practices.

訳

ご注目いただけますでしょうか。皆さんご存知の通り、Clarkはもう私たちのもとにはおりません。私はこの発表で、彼の即時解雇に関して出回っている噂を払拭したいと考えています。この1ヵ月、近くのクレーター湖にゴミを投棄することを彼が管理する工場に認可していること、そしてそれがリトルグローブの住民の飲料水を汚染し、湖辺の植物や動物の健康を損なって生命の危機にさらしていることを知りました。彼の行動は不必要なリスクをもたらしたので、彼はすぐに解雇されました。我が社は環境保全を非常に真摯に受け止めており、このような無責任な行いを容認しません。

会話

A: Tom, I have a new idea for how we can maximize our profits next quarter.
B: Go on.
A: Currently we have just over $1 billion in loans projected to go into deferment because the clients will no longer be able to afford monthly payments. What if we sell these loans to other financial institutions before they go into deferment?
B: That's a good idea, but …
A: There is more. To minimize losses and maximize profits we can take out an insurance package to **mitigate the risk of failure**.
B: The sale strategy will **disperse the financial risk,** but insurance will allow for potentially millions in profits if our communications are strictly confidential.
A: Exactly.

訳

A: Tom、私は次の四半期に利益を最大化させる方法に関して新しい考えがあります。
B: どうぞ続けて。
A: 現時点では、顧客が月額支払いをすることができなくなるため、延滞になると予想される貸出金はわずか10億ドルを超えています。これらの貸出金を延滞する前に他の金融機関に売却すればどうなるでしょうか？
B: それは良いアイデアです。しかし……
A: もっとあります。損失を最小限に抑え、利益を最大化するために、これらのローンが失敗した場合に失敗のリスクを緩和する保険パッケージをかけることができます。
B: 販売戦略は財務リスクを分散させますが、通信が厳密に機密である場合、保険は潜在的に何百万もの利益を可能にします。
A: その通りです。

No.26 | Task

method 01 | method 04 | 2-01

○ 短文スピーキング

01 彼はすごい情熱を持って、あらゆる仕事を引き受けた。

02 私はあなたにいくつかの挑戦的な課題を割り当てるつもりです。

03 誰もがあなたがいかにして手強い仕事をやり遂げたかを知りたがっています。

04 多くの仕事をやりくりするあなたの能力は、あなたの大きな強みです。

05 一度にこんなに多くのタスクを処理しようとしているのですか？

06 私たちで仕事を分かち合いましょう。

07 行き詰まった時、タスクを管理可能なチャンクに分けると効果的です。

08 あなたはその嫌な仕事をおろそかにするべきではなかった。

09 種々雑多なタスクを他の人に任せてみませんか？

10 私たちは骨の折れる仕事をやり遂げました。

正解　1. undertook　2. assign　3. pulled　4. juggle　5. handle　6. divvy

> **コアイメージ**
>
> taskはラテン語で、「領主から課せられる税金や労働」という意味です。現在では、「骨の折れる仕事、任務、課せられた仕事」といった意味で広くビジネスシーンでも使われます。workは大きな意味での仕事を指しますが、taskは1つ1つの作業です。

日本語訳と頭文字をヒントに、より自然な
組み合わせになる英単語を入れてみましょう。

---

01 He u＿＿＿＿ every task with immense enthusiasm.

02 I am going to a＿＿＿＿ you some challenging tasks.

03 Everyone wants to know how you p＿＿＿＿ off the formidable task.

04 Your ability to j＿＿＿＿ many tasks is your core strength.

05 Are you trying to h＿＿＿＿ too many tasks at one time?

06 Let's d＿＿＿＿ the tasks up between us.

07 It may be helpful to b＿＿＿＿ the task down into manageable chunks when you get stuck.

08 You shouldn't have tried to a＿＿＿＿ the disagreeable task.

09 Why don't you d＿＿＿＿ some miscellaneous tasks to others?

10 We a＿＿＿＿ the exacting task.

7. break　8. avoid　9. delegate　10. accomplished　　→詳細解説は次頁へ

method 02

○「相性動詞＋task」の組み合わせ

「仕事をやり抜く」の使い分け >> PICK-UP!

OK　一般的な言い方

- **do** a task　仕事をする
- **complete** a task　仕事を終わらせる
- **achieve** a task　仕事を成し遂げる
- **carry out** a task　仕事を遂行する
- **get** a task **done**　仕事を終わらせる

much better　世界を唸らせる言い方

1 handle a task
（仕事をこなす）

2 get through [accomplish] a task
（仕事をやり抜く／完遂する）

3 pull off a task
（仕事をうまくやり遂げる）

1 「一般的な言い方」にあるcompleteはフォーマルな表現です。handleはカジュアルな響きですが、実際のビジネスシーンでよく耳にします。

2 get through a taskは、「苦痛を伴い、暗いトンネルを抜け出す」ようなニュアンスを持っています。元々get throughは「目的地にたどり着く」という意味があるので、「苦難を乗り越えながら目的地にたどり着く」イメージですね（例：get through a meeting（会議を乗り越える）、get through a recession（不況を乗り越える））。accomplishも同様に「努力と忍耐によって」完遂するニュアンスです。

3 pull off a taskには「かろうじてやり遂げた」というニュアンスが含まれます。manage toが加わり、manage to pull off a task（何とかタスクをやり遂げる）という形で使われるケースを多く見かけます。書き言葉というより会話でよく聞く表現です。

他の表現
- **execute** a task　完遂する

仕事を分担する

- **assign** a task to　（仕事を〜に）あてがう／割り当てる
- **delegate** a task to　（仕事を〜に）任せる／委託する
- **divide** a task between[among]　（仕事を〜の間で）分割する
- **divvy up** a task among　（仕事を〜の間で）分担する

delegateは「代理人」という意味のあるかための単語です。一方でdivvy upは話し言葉で好まれます。

仕事を引き受ける

- **take on** a task　担う
- **shoulder** a task　引き受ける／担う
- **undertake** a task　引き受ける

others

- **juggle** tasks　（複数の仕事を）上手にやりくりする
- **avoid** a task　避ける
- **break** a task down into〜　（仕事を〜に）分ける

juggleには「事実や数字をごまかす」というネガティブな意味もありますが、ここではポジティブに使われています。

○「相性形容詞＋task」の組み合わせ

- **cardinal** task　主要な任務
- **vital** task　不可欠な仕事
- **high-priority** task　優先順位の高い仕事
- **challenging** task　困難な仕事
- **demanding** task　厳しい仕事
- **burdensome** task　厄介な仕事
- **formidable** task　手ごわい仕事
- **detail-oriented** task　細かい仕事
- **exacting** task　骨の折れる仕事
- **time-consuming** task　時間がかかる仕事
- **miscellaneous** task　種々雑多な仕事
- **disagreeable** task　嫌な仕事
- **low-priority** task　優先順位の低い仕事
- **easy** task　易しい仕事
- **manageable** task　管理可能な仕事
- **quick** task　すぐ終わる仕事

method 03 2-02,03

長文スピーキング

これまでに紹介してきた相性動詞・形容詞を使った
文章や会話をスピーキング練習しよう。

スピーチ

Hi Pam, several people in the office came forward stating that they have not received important calls this week and that several appointments were not scheduled or were scheduled incorrectly. You've mentioned to me before about struggling with **juggling burdensome tasks**. I would like to schedule time with you in my office to discuss ways on how this company can help you improve how you **handle tasks** and your overall job performance. Please get in touch with me as soon as you can.

訳

こんにちは、Pam、オフィスの何人かが、今週重要な電話に対応していなかったり、またいくつかの約束が予定されていなかったり、誤ってスケジュールされていると言っています。あなたは以前、負担になる仕事のやりくりに悩まされていると話していました。あなたが私のオフィスに来る時間を確保して、あなたがどう仕事に対処して、全体のパフォーマンスを向上していくか、当社が手助けする方法を議論したいと思います。できるだけ早く私に連絡してください。

会話

A: Lila, I need your help with something.
B: Sure thing. How can I help?
A: I have really been overwhelmed lately with the conference coming up. I need your help with **divvying up time-consuming tasks**.
B: What has been the most **challenging task** of all for you?
A: Hotel reservations, hands down.
B: Instead of booking all the hotels yourself, speak with your supervisor about offering reimbursement up to a certain amount and send out a list of recommended hotels close to the conference venue. You will see that over 95% of people will pick one of the recommended hotels.
A: That's a great idea, Lila! Thank you so much. This strategy will give me time to **carry out other tasks**.

訳

A: Lila、あなたの助けが必要です。
B: もちろんです。何をしたらいいですか？
A: 直近の会議のため、最近私は本当に忙しくて悲鳴をあげています。時間のかかる仕事をあなたに分担して手伝ってもらいたいのです。
B: 最も困難な仕事は何でしたか？
A: 明らかに、ホテルの予約です。
B: すべてのホテルを自分で予約するのではなく、上司と相談して一定額までの払い戻しの提供を行い、会議場の近くにあるおすすめのホテルリストを配布してください。95%以上の人々が推奨ホテルの1つを選ぶでしょう。
A: 素晴らしいアイデアです、Lila! どうもありがとう。この戦略は、他の仕事をする時間を与えてくれますね。

No.27 | Service

method 01　method 04　2-04

○ 短文スピーキング

01 私たちは、サービスを多様化させてお客様のニーズにお応えします。

02 リンクをたどれば豪華なサービスにサインアップすることができます。

03 大規模なサービスを立ち上げるには何が必要かを理解する必要があります。

04 変化する顧客のニーズに適応するために、サービスをどのように再構築できますか？

05 変化する顧客のニーズを満たすために、サービスを継続的に強化する必要があります。

06 あらゆる種類のお客様に多様なサービスを提供しています。

07 ショッピング体験をより良くするために、パーソナライズされたサービスを提供することが私たちの喜びです。

08 粗末なサービスを受けた場合は、当社のカスタマーサービスにご連絡ください。

09 そのホテルのスタッフは全員、完璧なサービスを行っています。

10 質の高いサービスを確保するためのトレーニングプログラムを実施します。

正解　1. diversifying　2. sign　3. launch　4. restructure　5. enhance　6. offer

コアイメージ

大前提として知っていただきたいのは、日本語における「値引きや無料のおまけのサービス」という意味はserviceにはありません。

日本語訳と頭文字をヒントに、より自然な組み合わせになる英単語を入れてみましょう。

01 We will try to meet your needs by d_____ our services.

02 You can follow the links to s_____ up for our luxurious service.

03 We should figure out what it takes to l_____ large-scale services.

04 How can we r_____ our services to adapt to customers' changing needs?

05 We must continually e_____ our services to meet the changing needs of our clients.

06 We o_____ a diverse array of services for all kinds of customers.

07 It is our pleasure to s_____ personalized services to enhance your shopping experience.

08 If you have r_____ poor service, please contact our customer service.

09 Every staff member of the hotel p_____ impeccable service.

10 We will implement training programs that e_____ high-quality service.

7. sell 8. received 9. performed 10. ensure　→詳細解説は次頁へ

method 02

「相性動詞＋service」の組み合わせ

「サービスを提供する」の使い分け　>> PICK-UP!

OK　一般的な言い方

- **give** service　サービスを提供する
- **provide** service　サービスを提供する
- **deliver** service　サービスを届ける

much better　世界を唸らせる言い方

1 offer service
（サービスを提供する）

2 perform service
（サービスを提供する）

3 sell service
（サービスを届ける／提供する）

give serviceやprovide serviceは「人々に何かを提供する」という意味で、「相手に向けてサービスを差し出す」イメージがあります。

1 offer serviceはそれに対して、「サービスを与える準備があることを相手に提案する」ようなイメージです。一歩引いた立場からの提案となり、ビジネスシーンで好まれます。

2 performは他の動詞とは大きく違います。「(劇などを)演じる、(音楽を)演奏する」という意味でも使われるように、必ずしもいつも「相手に何かを提案したり提供したりする」という意味を持ちません。特にボランティアでサービスを行うというニュアンスが強くあります。

3 sellは単純に「サービスとその対価を交換する」という部分にフォーカスが当たっています。無駄のない実用的な表現です。

サービスを受ける／頼む

- **receive** service　受ける
- **order** service　頼む
- **book** service　予約する
- **sign up for** service　申し込む
- **purchase** service　購入する

サービスを開始する

- **launch** service　開始する
- **set up** a service　立ち上げる

サービスを停止する

- **halt** service　停止する
- **stop** service　停止する

haltはかなりかたい表現で、少し古めかしさがあります。

others

- **ensure** service　保証する
- **enhance** service　強化する
- **diversify** service　多様化する
- **improve** service　改善する
- **restructure** service　見直す
- **upgrade** service　改善する

enhanceは、価値や美しさ、精度など一般的にポジティブなものをより高めていく文脈で使うとしっくりきます。

○「相性形容詞+service」の組み合わせ

- **impeccable** service　完璧なサービス
- **high-quality** service　質の高いサービス
- **large-scale** service　大規模なサービス
- **luxury** service　贅沢なサービス
- **luxurious** service　一流のサービス／豪華なサービス
- **customer** service　カスタマーサービス
- **personalized** service　パーソナライズされたサービス
- **diverse array of** service　多様なサービス
- **poor** service　粗末なサービス

長文スピーキング

method 03 2-05,06

> これまでに紹介してきた相性動詞・形容詞を使った
> 文章や会話をスピーキング練習しよう。

スピーチ

Hello everyone, here are notes from yesterday's meeting. The main highlight of the meeting has been the management's decision to **restructure our service**. We will no longer be offering packages at fixed prices, as that policy has resulted in many client complaints, and our consultants have reported feeling exploited by having to follow up with phone calls and emails. Instead, the firm will only be billing clients hourly for **the services they sign up for**. The clients are still able to negotiate a lower hourly rate, but that will have to be approved by management before the contract can be signed.

訳

皆さん、こんにちは、昨日のミーティングのメモです。会議の主なポイントは、当社のサービスを再構築するという経営陣の決定でした。もはや顧客の苦情が最も多く、コンサルタントたちがフォローアップの電話やメールに追われたと報告しているため、固定料金でのパッケージ販売を取りやめます。代わりに、申し込まれたサービスに対して時間単位でクライアントに請求するだけにします。クライアントは以前より低い時間単位の料金を交渉することができますが、契約に署名する前に経営陣によって承認されなければなりません。

会話

A: Hello, thank you for contacting customer service at Cellular West. How can I help you?
B: Hello. I am calling because my internet hasn't been working since this morning.
A: Ah, yes. Our system shows that **your service has been halted** due to us not receiving payment this month.
B: That's impossible. I have it automatically billed to my credit card every month.
A: Have you checked if your credit card is still valid?
B: One moment... Yes, I see that it expired this month. Sorry for causing you trouble.
A: No problem at all. You can add a new payment method to your account at any time online, and the service will resume as soon as the payment is processed.
B: Thank you.
A: Have a nice day.

訳

A: こんにちは、Cellular Westのカスタマーサービスへお問い合わせいただきありがとうございます。いかがなさいましたでしょうか？
B: こんにちは。今朝からインターネットに繋がらないため電話しています。
A: 承知しました。当社のシステムによると、今月、あなたからのお支払いを受けていないため、サービスが停止されているようです。
B: それはありえません。毎月自動的に、クレジットカードに請求されるようにしています。
A: あなたのクレジットカードがまだ有効かどうかご確認されました？
B: 少しお待ちください。今月期限が切れたようです。お手数をおかけして申し訳ありません。
A: 全く問題ありません。オンラインからいつでもアカウントに新しい支払い方法を追加することができ、支払いが処理されるとすぐにサービスが再開されます。
B: ありがとうございました。
A: 良い1日を。

method 01 | method 04 | 2-07

No.28 | Knowledge

○ 短文スピーキング

01 社内でターゲットクライアントのリストを共有することで、個々の見込み客に関する膨大な知識を蓄積することができます。

02 究極の目標は、大規模なデータベースから高度な知識を抽出することです。

03 皆さんに新しい知識を求めて新しいスキルを磨くことをお勧めします。

04 若い世代に私の知識を伝えたいと思っています。

05 トレーニングコースは、知識を広げる良い機会を私に与えてくれました。

06 顧客の様々な関心についての経験的知識を、さらに深める必要があります。

07 私は、できる限りの実用的な知識を身につけようとしています。

08 あなたはクライアントのビジネスについて広範囲にわたる知識を持っていなければなりません。

09 私は、財務と経理に関する必要な知識を習得する絶好の機会を得ました。

10 私たちは、データ分析の知識を豊富にするための様々なコースを提供しています。

正解　1. amass　2. extract　3. pursue　4. impart　5. expand　6. develop[deepen]

> **コアイメージ**
>
> 研究や経験から培ったもので単なる情報（information）ではなく、蓄積された知識や学識を意味します。不可算名詞です。

> 日本語訳と頭文字をヒントに、より自然な
> 組み合わせになる英単語を入れてみましょう。

01 By sharing target client lists in the company we can a_____ greater knowledge about individual prospects.

02 The ultimate goal is to e_____ high-level knowledge from large databases.

03 I encourage all of you to p_____ new knowledge and develop new skills.

04 I am eager to i_____ my knowledge to the younger generation.

05 The training course offered me a good opportunity to e_____ my knowledge.

06 There is a need to further d_____ empirical knowledge about our customers' different interests.

07 I'm trying to a_____ as much working knowledge as I can.

08 You must p_____ extensive knowledge of the client's business.

09 I had a great opportunity to a_____ necessary knowledge of Finance and Accounting.

10 We provide a variety of courses to e_____ your knowledge of data analysis.

7. absorb　8. possess　9. acquire　10. enrich　　→詳細解説は次頁へ

189

method 02

○「相性動詞＋knowledge」の組み合わせ

「知識を得る」の使い分け >> **PICK-UP!**

👌 OK　一般的な言い方

- **gain** knowledge　知識を得る
- **get** knowledge　知識を得る
- **obtain** knowledge　知識を吸収する

👍 much better　世界を唸らせる言い方

1 acquire knowledge
（知識を得る）

2 absorb knowledge
（知識を吸収する）

3 extract knowledge
（知識を抜き出す／引き出す）

1　acquire knowledgeはビジネスシーンでよく使われる表現で、努力を伴いながら知識を習得する時に使われます。

2　absorbは元々「吸収する」という意味です（例：absorb energy（エネルギーを吸収する）、absorb a foreign culture（外国文化を吸収する））。「知識を吸収する」場合にも使われますが、acquireと比べると、「努力」にフォーカスが当たっておらず、「自然と知識を吸収する」イメージを持つといいでしょう。

3　extractは「抜き出す／抽出する」という意味で、extract oil from a nutなどとして使われますが、知識を何かから引き出して習得する場合にも使われます。そのため通常fromを後ろに伴います（例：extract knowledge from the book）。特定のソースに含まれるたくさんの情報の中から、知識となる情報を抽出するイメージです。

知識を蓄える

- **accumulate** knowledge　蓄積する
- **amass** knowledge　蓄える
- **garner** knowledge　蓄える

amassは原義「かたまり」からも想像できるように、「積み上げて蓄積する」という意味です。「自分のために財産を蓄積する」という意味でも使われます。

知識を深める

- **deepen** knowledge　深める
- **enhance** knowledge　深める
- **develop** knowledge　深める
- **build** knowledge　築く
- **enrich** knowledge　豊富にする
- **expand** knowledge　広げる
- **advance** knowledge　向上させる

expandとadvanceは今すでに持っている知識をさらに広げる時、深めていく時に使われます。

知識を伝える

- **deliver** knowledge　提供する
- **communicate** knowledge　伝える
- **impart** knowledge　与える／伝える
- **convey** knowledge　伝える

impartは「情報や知識を分け与える／告げる」ニュアンスを持つかための動詞です。

others

- **emphasize** knowledge　重視する
- **yield** knowledge　もたらす
- **pursue** knowledge　求める
- **possess** knowledge　持つ

○「相性形容詞+knowledge」の組み合わせ

- **comprehensive** knowledge　広範な知識
- **empirical** knowledge　経験的な知識
- **working** knowledge　実用的な知識
- **extensive** knowledge　広範囲にわたる知識
- **necessary** knowledge　必要な知識
- **high-level** knowledge　高度な知識
- **great** knowledge　膨大な知識

method 03　長文スピーキング

2-08, 09

> これまでに紹介してきた相性動詞・形容詞を使った
> 文章や会話をスピーキング練習しよう。

スピーチ

Hello. I am currently a senior at Staten University, and I am majoring in International Business this spring. I read about your expansion to international markets and am excited to learn more. I believe I am a great candidate for the position due to my excellent performance in school and **knowledge obtained** there, particularly in the field of international business. Additionally, I interned for Foinham Industries last summer and gained valuable office experience. I used both my internship and class time to **absorb as much knowledge as possible**. I'd love to learn more about your company and contribute to its success.

訳

こんにちは。私は現在Staten大学の4年生です。私は今春、国際ビジネスを専攻しています。私は御社が国際市場へ拡大されると拝読し、さらに学ぶことができるとワクワクしています。特に国際ビジネスの分野で学校で優れた成績をおさめ、知識を習得したため、私はこの職に就くに素晴らしい候補者であると信じています。さらに、私は昨年の夏にFoinham Industriesでインターンを行い、貴重な事務経験を得ました。私はできるだけ多くの知識を吸収するために、インターンシップと授業の両方の時間に費やしました。御社についてさらに学び、その成功に貢献したいと思います。

会話

A: Ray, can I speak to you for a second?
B: Sure thing, Dina.
A: You've been with this company for many years, and you have **accumulated comprehensive graphics knowledge**, so I need your help recruiting new talent.
B: What would you like me to do?
A: I will get you in touch with Nancy, our recruitment manager, and I want you to work with her on the short list of candidates. Additionally, I'd like you to take part in the interview process, drafting specific questions for the applicants and asking them those questions.
B: I can definitely do that.

訳

A: Ray、少し話せますか?
B: もちろんです、Dina。
A: あなたは長年この会社に所属し、包括的なグラフィックス知識を蓄積しているので、新しい才能を採用するためにあなたの助けが必要です。
B: 私は何をしたらよいのですか?
A: リクルーティングマネージャーのNancyと連絡を取り合います。最終候補者リストに関して、彼女と一緒に動いてほしいのです。さらに、私はあなたに面接に参加してほしいです。また応募者への具体的な質問を作成し、それらを質問してください。
B: もちろん行うことができますよ。

No.29 | Ability

method 01　method 04　2-10

◯ 短文スピーキング

01 私たちは、学生の能力を養うためにしっかり構成されたインターンシッププログラムを提供しています。

02 過度の不安があなたの最高のパフォーマンスを妨げる。

03 最適な成果を得るためには、すべての能力を活用する必要があります。

04 この職業訓練は、組織のリスク管理能力を強化するために設計されています。

05 彼はリーダーシップの役割を果たす能力を証明しています。

06 このプログラムは、問題を議論し分析する能力を養うことを目指しています。

07 ストレスによって、私たちの目標達成能力が低下することがあります。

08 私は、彼の戦略計画立案能力を評価しています。

09 私たちは、従業員が効率良く働くための能力を開発するために、より多くの学習機会を提供します。

10 マーケティングチームは、顧客満足度調査の実際の分析を実行する能力を確立する必要があります。

正解　1. cultivate　2. hinders　3. harness　4. bolster [boost]　5. demonstrates

コアイメージ

「ビジネスにおける実践的な才能」だとabilityが一般的です。学習した後天的な才能を表します。一方で「生まれつきの才能」はtalent。giftになると、さらにすぐれた「天賦の才能」です。

日本語訳と頭文字をヒントに、より自然な組み合わせになる英単語を入れてみましょう。

01 We provide well-organized internship programs to c_____ students' abilities.

02 Too much anxiety h_____ your ability to perform at your best.

03 We need to h_____ all our abilities for an optimal outcome.

04 This vocational training is designed to b_____ your organization's ability to manage risk.

05 He d_____ his ability to take a leadership role.

06 This program aims to f_____ the ability to discuss and analyze problematic issues.

07 Stress sometimes can d_____ our ability to achieve our goals.

08 I am e_____ his ability to develop strategic plans.

09 We will provide more learning opportunities to d_____ employees' ability to work more effectively.

10 The marketing team needs to e_____ its ability to carry out actual analysis of customer satisfaction surveys.

6. foster   7. diminish   8. evaluating   9. develop   10. establish   →詳細解説は次頁へ

195

method 02

○「相性動詞＋ability」の組み合わせ

「能力を高める」の使い分け >> PICK-UP!

OK 一般的な言い方

- **improve** ability　能力を改善させる
- **develop** ability　能力を伸ばす／開発する

much better 世界を唸らせる言い方

1 **cultivate** ability
（能力を養う）

2 **bolster[boost]** ability
（能力を高める）

3 **foster** ability
（能力を育てる）

1 cultivateは定番表現のdevelopと同様に「本人の努力」が背景に感じられる表現です。「耕す」イメージから連想しやすいはずです。

2 一方で、boostとbolsterは必ずしも本人の努力が伴うわけではありません（例：Cooperating with the team boosts[bolsters] my ability to accomplish my mission.）。例のように主語に状況がくることがあり「状況によって能力を高める」というニュアンスがあることを把握しておきましょう。

3 fosterは通常、「先生や上司」などが主語にきて「生徒や部下の能力を高める」時に使われます（例：The teacher's job is to foster the individual abilities of her students.）。
他の表現
- **enhance** ability　強化する
- **further** ability　増進する
- **expand** ability　高める

enhanceは主語に先生などの立場が上の人か物が入ります（例：Teamwork enhances my ability to perform tasks well.）。
expandやimprove、furtherは、主語に本人か物が入るケースが多いと言えます。

能力を発揮する

- **demonstrate** ability　証明する／示す
- **display** ability　発揮する
- **show** ability　示す
- **denote** ability　表す
- **establish** ability　確立する

能力を評価する

- **assess** ability　評価する
- **evaluate** ability　評価する
- **analyze** ability　分析する
- **check** ability　チェックする
- **consider** ability　考慮する
- **admire** ability　称賛する

others

- **belittle** ability　けなす
- **assure** ability　保証する
- **doubt** ability　疑う
- **coordinate** ability　調整する
- **emphasize** ability　重要視する
- **exceed** ability　超える
- **harness** ability　利用する
- **hinder** ability　妨げる
- **diminish** ability　低下させる

○「相性形容詞+ability」の組み合わせ

- **uncanny** ability　不思議な能力
- **keen** ability　抜け目のない能力
- **prodigious** ability　素晴らしい能力
- **acute** ability　鋭い能力
- **unrivaled** ability　追随を許さない能力
- **deft** ability　巧みな能力
- **enviable** ability　うらやましい能力
- **all-around** ability　多才な能力
- **rudimentary** ability　初歩的な能力
- **versatile** ability　多彩な能力

長文スピーキング

これまでに紹介してきた相性動詞・形容詞を使った
文章や会話をスピーキング練習しよう。

スピーチ

Hello everyone, I'd like to welcome Roy Frederickson to our family. Roy joins us from sunny Santa Fe and will be working with us full time. Here we are proud to say that we have **fostered the ability** to do what we love. Our intent is to remain true to our founding principles and continue creating beautiful designs to share with the world. We welcome Roy as a fellow laborer of love as we work to **expand our ability** to take our brand to the next level. Thank you for joining us, Roy, and we are looking forward to seeing you **demonstrate your abilities**.

訳

皆さん、こんにちは。Roy Frederickson を私たちの家族に歓迎したいと思います。Roy は晴れの Santa Fe から私たちに加わり、フルタイムで一緒に仕事をすることになります。ここでは、私たちが愛することを実行するための能力を育んできたことを誇りに思います。私たちの意図は、創業の原則に忠実であり続け、世界と共有する美しいデザインを作り続けることです。私たちは次のレベルにブランドを引き上げるべく我々の能力を展開するために動いているので、愛すべき仲間としてRoyを歓迎します。私たちに加わってくれてありがとう、Roy、私たちはあなたが能力を示すのを見ることを楽しみにしています。

会話

A: Thanks so much for your hard work this week. You **displayed great ability** to manage the tasks.
B: Don't even mention it. Before the holidays everyone has to chip in to make sure all the tasks get done.
A: You **demonstrated a versatile ability** and communicated with various departments to ensure that everything was completed on time. I really appreciate your help, and I want to wish you happy holidays. I hope you enjoy your break.
B: Thank you, Hailey. I plan to spend it with my family and just relax. I will see you in the New Year.

訳

A: 今週は努力していただきありがとうございました。タスクを管理する素晴らしい能力を示してくれました。
B: 当たり前のことです。休日の前に、誰もがすべてのタスクをきちんと完了するために助け合わなければなりません。
A: あなたは多彩な能力を証明し、様々な部署と連絡を取り、すべてが時間通りに完了することを明確にしてくれました。私はあなたの助けに本当に感謝しています。また素敵な休日をお過ごしください。
B: ありがとう、Hailey。私は家族と一緒に過ごし、ただリラックスする予定です。また新年にお会いしましょう。

method 01　**method 04**　🎧 2-13

No.30　Future

○ 短文スピーキング

01 クライアントのために可能な限り明るい未来を想像してみましょう。

02 行動しないことであなたの未来を危険にさらしてはいけない。

03 私たちの製品を改善することは、私たちの豊かな未来を確実にするでしょう。

04 すべてのスタッフは、当社の有望な未来を予見しています。

05 電子商取引ビジネスは小規模な地元の店の将来を脅かした。

06 私たちは業界の未来を予想しなければなりません。

07 スタッフの育成は、当社の未来を確保する最善の方法です。

08 どのようにして持続可能な未来を達成することができますか?

09 私たちは子供たちの明るい未来を保証するために協力し合わなければなりません。

10 私たちは、分析のノウハウを生かしてあなたの未来を形作るお手伝いができます。

正解　1. envision　2. jeopardize　3. ensure　4. foresee　5. threatened　6. anticipate

コアイメージ

通常futureはaかtheを伴います。一般的な未来を指したい場合は、a futureとなります。色々な可能性がある中の1つの未来といったイメージです。

日本語訳と頭文字をヒントに、より自然な
組み合わせになる英単語を入れてみましょう。

01 Let's take a moment to e_____ the brightest possible future for our clients.

02 Do not j_____ your future by failing to take action.

03 Improving our products will e_____ our prosperous future.

04 All staff members f_____ the promising future of our company.

05 E-commerce businesses t_____ the future of small local stores.

06 We must a_____ the future of our industry.

07 Developing our staff is the best way to s_____ the future of our company.

08 How can we a_____ a sustainable future?

09 We should work together to a_____ a bright future for our children.

10 We can help s_____ your future with our expertise in analysis.

7. secure　8. achieve　9. assure　10. shape　→詳細解説は次頁へ

method 02

◯「相性動詞＋future」の組み合わせ

「未来を予見する」の使い分け >> **PICK-UP!**

👆 OK　一般的な言い方

- **expect** a[the] future　未来を期待する
- **imagine** a[the] future　未来を想像する

👍 much better　世界を唸らせる言い方

1 envision a[the] future
（未来を心に描く）

2 foresee a[the] future
（未来を予見する）

3 anticipate a[the] future
（未来を予期する）

定番表現のimagine a[the] futureは若干曖昧な表現で強い意味を持たないので、ビジネス向きの表現とは言えません。「単純に想像をする、思い描く」くらいのイメージで、「こうあればいいな」という期待感を抱く際に使われます。

1 envisionも近いニュアンスですが、もう少し具体性を伴った表現なのでビジネスシーンにもフィットする表現と言えます。

2 foreseeの接頭辞foreには「前に、前もって」という意味があります。つまり「前もって(fore)、見る(see)」から「予見する」という意味になります。もう少しカジュアルな言い回しで、see into「未来を俯瞰して覗き込んでいる」という表現もあります。

3 anticipateの接頭語antiは「先に」を表します。expectよりかたい語で、前もって必要な手段を講じている含みがあります。

未来を築く

- **build** a[the] future　築く
- **create** a[the] future　作る
- **shape** a[the] future　形作る
- **invent** a[the] future　生み出す
- **realize** a[the] future　実現する
- **achieve** a[the] future　達成する

未来を脅かす

- **threaten** a[the] future　脅かす
- **jeopardize** a[the] future　危うくする
- **destroy** a[the] future　破壊する

jeopardizeは元々フランス語系で「五分五分の見込み」という意味。語源から「生命や制度を危険にさらす」というニュアンスを掴んでください。

others

- **value** a[the] future　尊重する
- **emphasize** a[the] future　重視する
- **secure** a[the] future　確かなものにする
- **assure** a[the] future　保証する
- **ensure** a[the] future　確かなものにする

○「相性形容詞＋future」の組み合わせ

ポジティブさ	堅実さ
prosperous future　豊かな未来	sustainable future　持続可能な未来
glorious future　輝かしい未来	healthy future　健全な未来
great future　偉大な未来	stable future　安定的な未来
desired future　望ましい未来	
bright future　明るい未来	
promising future　輝かしい未来	

method 03　長文スピーキング

2-14, 15

これまでに紹介してきた相性動詞・形容詞を使った
文章や会話をスピーキング練習しよう。

スピーチ

Hello everyone, last night our company successfully merged with Keen Pharmaceuticals. This merger is going to grant us access to more sophisticated technology, better labs, and more well-trained scientists. With the help of Keen Pharmaceuticals, we will be able to accelerate our current testing program and put out safer drugs on the market much more quickly than before. I **envision a glorious future** for us filled with more life-saving scientific breakthroughs than ever before. Together with Keen Pharmaceuticals we can become the industry leader.
Grace Wyatt, CEO

訳

皆さん、こんにちは、昨夜、当社はKeen Pharmaceuticalsとの合併に成功しました。この合併により、より精巧な技術、優れたラボ、より熟練した科学者へのアクセスが可能になります。Keen Pharmaceuticalsの助けを借りて、私たちは現在のテストプログラムを加速し、より安全な薬を以前よりずっと素早く市場に出すことができるようになります。これまで以上に人命を救う科学的な飛躍的進歩で溢れた私たちの栄光の未来を想像しています。Keen Pharmaceuticalsと一緒に、私たちは業界のリーダーになることができます。
Grace Wyatt、最高経営責任者 (CEO)

会話

A: Hi, Dan. I heard that you are leaving the company.
B: Yes, that's right. I am changing careers and leaving the financial sector.
A: But you've worked for us for 10 years. Isn't such a drastic move going to **jeopardize your future**?
B: I will not be as well off financially, but I am not worried since I have plenty of money in various savings accounts. I decided that I want to build a future for myself where I help others. That's why I am entering the non-profit sector.
A: That's a really bold decision. Best of luck to you.

訳

A: こんにちは、Dan。あなたが会社を辞めるとお聞きしました。
B: はい、そうなのです。私はキャリアを変え、金融分野を離れます。
A: しかし、あなたは10年間私たちのために働いています。あなたの未来を脅かすような大胆な行動ではないですかね？
B: 私は金銭的に報われるわけではありませんが、私は様々な貯蓄口座にたくさんのお金があるので心配していません。私は他人を助ける場所を自分自身で作りたいと思ったので、非営利分野に入ろうと決めました。
A: それは本当に大胆な決定ですね。幸運を願っています。

method 01 **method 04** 🔊 2-16

No.31 | Value

○ 短文スピーキング

01 私たちの使命は、お客様に提供する価値を高めることです。

02 こちらが我々のマネジメントチームの価値を強化する戦略です。

03 データ技術により、多くの組織はかつてない価値を生み出してきました。

04 私たちは、あなたの製品やサービスの価値を伝えるための確固たる戦略を持っています。

05 私のチームは、市場におけるブランド価値を開発し維持することを目指しています。

06 あなたは、プロセスにもっと集中することで仕事の価値を教え込むことができます。

07 これらの技術は、普遍的な価値を有すると広く考えられている。

08 準備不足によって、プレゼンテーションの価値が下がる可能性があります。

09 我々は、サポートスタッフを加えることでサービスの価値を高めました。

10 人々は物資よりもより良い生活の質を追求することに、より多くの価値を置いています。

正解 1. enhance 2. reinforce 3. generate 4. impact 5. sustain 6. instill

コアイメージ

valueは「実用性から見た価値や重要性」を表します。類語のworthはもう少しかたい語で「精神的、道徳的な価値」というニュアンスが強いです。

日本語訳と頭文字をヒントに、より自然な
組み合わせになる英単語を入れてみましょう。

01 Our mission is to e_____ the value we offer our clients.

02 Here are some strategies to r_____ the value of our management team.

03 Data technologies have allowed many organizations to g_____ unprecedented value.

04 We have solid strategies to i_____ the value of your product or service.

05 My team aims to develop and s_____ our brand value in the market.

06 You can i_____ the value of a job by focusing more on the process.

07 It is widely believed that these technologies p_____ a universal value.

08 Lack of preparation can w_____ down the value of your presentation.

09 We e_____ the value of our service by adding support staff.

10 People a_____ more value to pursuing a better quality of life rather than material possessions.

7. possess　8. water　9. enriched [enhanced]　10. assign　→詳細解説は次頁へ

207

method 02

◯「相性動詞＋value」の組み合わせ

「〜の価値を高める」の使い分け >> **PICK-UP!**

👌 OK　一般的な言い方

- **increase** the value of　〜の価値を上げる
- **improve** the value of　〜の価値を改善させる

👍 much better　世界を唸らせる言い方

1 **enhance** the value of
（〜の価値を高める）

2 **reinforce** the value of
（〜の価値を強化する）

3 **enrich** the value of
（〜の価値を高める）

1 improveは「現状は期待値以下の価値のものを改善させる」ニュアンスです。enhanceは「現状よりも価値を高める」というニュアンスを持つので必ずしも現状が悪いというわけではありません。

2 reinforceは強度について用いられることが多い動詞であり、例えば reinforce the troops（軍隊を強化する）のように使われます。reinforce the value ofの場合も、「ただ価値を高めるのではなく、その価値が力強いものになるようにする」というニュアンスが含まれています。英検準1級レベルの単語です。

3 enrichは「より豊かなものになるように好ましいものを追加していく」ようなイメージです。
他にもadvance the value ofやheighten the value of, add value toという表現もあります。advanceやheightenが「直線的に価値を高める」ようなニュアンスを持つのに対して、enrichは「全体の体積を大きくする」ようなイメージを持っています。add value toは「現状の価値に新しい価値を送り込んでいく」イメージです。

価値を拡大する／獲得する

- **receive** value　得る
- **obtain** value　得る
- **capture** value　得る
- **extract** value　絞り出す

どれもビジネスシーンでも使われます。なかでもcapture valueがよりビジネスシーンに適した表現で、「1つの取引から一定の価値を得る」といったニュアンスが含まれます。
extract valueはネガティブなニュアンスを持ち、操作的に価値を抜き出すようなイメージとなります。名詞形extract（抽出物）の形で、英検準1級レベルの文章でもよく目にする単語です。

価値が下がる

- **decrease** value　落とす
- **water down** value　落とす

others

- **place** value on　（〜に価値を）置く
- **assign** value to　（〜に価値を）置く
- **generate** value　生み出す
- **possess** value　持つ
- **deliver** value　提供する
- **bring** value　もたらす
- **demonstrate** value　実証する
- **maintain** value　維持する
- **sustain** value　維持する
- **impact** value　知らせる／伝える
- **instill** value　教え込む

instillは「少しずつではあるけれど、確実に思想などを教え込む」ニュアンスです。

○「相性形容詞＋value」の組み合わせ

- **unprecedented** value　かつてない価値
- **universal** value　普遍的な価値
- **exceptional** value　絶大な価値
- **tremendous** value　莫大な価値
- **property** value　財産価値

method 03　長文スピーキング

これまでに紹介してきた相性動詞・形容詞を使った
文章や会話をスピーキング練習しよう。

スピーチ

Hi all, I received your submissions for our new Spring ad campaign and I was not impressed. The ideas are fresh and unique, but they are missing the point. Our goal with this new ad campaign is not only to embody the rejuvenating nature of the spring season but also to **demonstrate the exceptional value** of our product. I would like everyone to come back to the drafting table, and, in order to make sure that we are all on the same page, I would like to have another brainstorming session tomorrow morning at 9 am in the large conference room about ways to **generate new value**.

See you all tomorrow,
Josy Patterson, Head of Marketing

訳

こんにちは、皆さん。新しい春の広告キャンペーンのための提出物を受け取りましたが、私は感銘を受けませんでした。アイデアは新鮮でユニークですが、重要なことが欠けています。この新しい広告キャンペーンでの私たちの目標は、春の持つ活力を取り戻すといった性質を形にするだけでなく、私たちの製品の卓越した価値を実証することです。皆さんにもう一度基本に戻っていただきたく、誰もが同じ立ち位置にいることを確認するために、明日の午前9時から大会議室で新しい価値を生み出すためのブレインストーミングセッションを開きたいと思います。明日お会いしましょう。
Josy Patterson、マーケティング責任者

会話

A: Thanks for taking the time to come in, Tina.
B: Sure thing, Jim.
A: You are the only person who can help us, Tina. Due to a lot of companies taking their manufacturing overseas, the company's property in Desartos has been losing value. I am looking to you to help us **sustain property value**.
B: Honestly, Jim, the trend is clear. Instead of focusing on **sustaining value**, I think the company should sell the real estate while the losses are still minimal and relocate as soon as possible. I'd be happy to help you make an advantageous sale and give you a list of places with a fresh prospective workforce.

訳

A: 時間を作ってくれてありがとう、Tina。
B: 問題ありません、Jim。
A: あなたは私たちを助けることができる唯一の存在です、Tina。多くの企業が製造を海外で行っているため、Desartosの資産は価値を失いつつあります。あなたに財産価値を維持する手助けをしてほしいのです。
B: 正直言って、Jim、その傾向ははっきりしています。価値を維持することに焦点を当てるのではなく、会社は不動産を売却しながら損失は最小限に抑え、できるだけ早く移転するべきだと私は思っています。有利な売却をし、新しい将来の労働力を確保するための場所のリストを提供することをお手伝いできたら嬉しく思います。

method 01 **method 04** 🔊 2-19

No.32 | Contract

○ 短文スピーキング

01 彼はGlasgow Parksと有利な契約を結ぶつもりだ。

02 サプライヤーは、もう1年間契約を更新することに合意した。

03 彼らは、私たちの会社と契約を解除するつもりです。

04 以下の理由により契約を更新しないことにしました。

05 あなたから返信を受けて、正式契約を作成します。

06 私はMontreal Travelのマネージャーに契約の草案を送りました。

07 書面による契約は、従業員と雇用主にとって不可欠です。

08 あなたが故意に契約に違反していたわけではないと理解しています。

09 私たちは、NIXグループへの様々なサービスとシステムを提供する重要な契約を発表する予定です。

10 SLG自動車との3年間の契約は、年末に終了する予定です。

正解　1. sign　2. continue　3. terminate　4. renew　5. draw　6. draft

コアイメージ

contractは「正式な合意」のことで、法的効力を持つものを指します。contractの同義語としてagreementがありますが、こちらは法的効力を必ずしも伴わない点が2つの大きな違いです。

日本語訳と頭文字をヒントに、より自然な
組み合わせになる英単語を入れてみましょう。

01 He is about to s_____ a lucrative contract with Glasgow Parks.

02 The suppliers have agreed to c_____ their contract for another year.

03 They are going to t_____ their contract with our company.

04 We decided not to r_____ our contract due to the following reasons.

05 We will d_____ up a formal contract once I hear back from you.

06 I have sent a d_____ of the contract to Montreal Travel Manager.

07 A w_____ contract is essential for both the employee and the employer.

08 We understand that you did not deliberately v_____ the contract.

09 We will a_____ a major contract to provide a range of services and systems for the NIX Group.

10 Our three-year contract with SLG Automobiles will e_____ at the end of this year.

7. written 8. violate 9. announce 10. expire　→詳細解説は次頁へ

213

method 02

○「相性動詞＋contract」の組み合わせ

「契約を結ぶ／とる」の使い分け >> PICK-UP!

OK　一般的な言い方

- **make** a contract　契約を結ぶ
- **get** a contract　契約を取り付ける

much better　世界を唸らせる言い方

1. **enter into** a contract
（契約を結ぶ）

2. **sign[seal]** a contract
（契約を結ぶ）

3. **close[conclude]** a contract
（契約を結ぶ）

1　「契約を結ぶ／とる」＝make a contractと暗記しているかたも多いかもしれませんが、実は色々なバリエーションがあり、ネイティブは使い分けています。enter into a contractは「新しく」結ばれた契約が始まることに意味の重点が置かれます。

2　sign[seal] a contractは、物理的な契約の締結のアクションをイメージさせる表現として使われます。signは契約書にサインをするシーンを、seal（押印する）は押印しているシーンを思い浮かべるとわかりやすいですね。

3　close[conclude] a contractはどちらも新しく結ばれた契約の始まりを意味しますが、「交渉が最終ステージでまとまる段階でのアクション」であるというニュアンスが強くなります。

他の表現
- **win** a contract　結ぶ

get a contractとほぼ同義ですが、winを使うとよりフォーマルでビジネスシーンにふさわしいです。

契約を解除する／破る

- **discharge** a contract　解除する
- **terminate** a contract　解除する
- **revoke** a contract　破棄する
- **repeal** a contract　無効にする
- **break** a contract　破る
- **breach** a contract　破る
- **violate** a contract　違反する
- **expire** a contract　終了する

dischargeは、契約で定められた義務がすべて完了されたことから契約の終了に至る時に使われます。一方でterminateは、完了か未完了かは関係なく、様々な理由によって契約を終わらせる時に使います。revokeは契約が合意に至る前に、契約の申し出を破棄する時に使われます。
repeal a contractは契約の合意後に、双方もしくは一方が契約違反をしたりした時に「契約を解除する」という意味で使われます。

契約書を作成する

- **draw up** a contract　作成する
- **prepare** a contract　作成する
- **make out** a contract　作成する

others

- **enforce** a contract　履行する
- **fulfill** a contract　履行する
- **renew** a contract　更新する
- **continue** a contract　更新する
- **alter** a contract　変更する
- **announce** a contract　発表する

alterはchangeなどに比べて「部分的な変更」を表すことが多いです。

○「相性形容詞＋contract」の組み合わせ

ポジティブ	ネガティブ
big contract　大口の契約	exploitative contract　搾取的な契約
fair contract　公正な契約	unwritten contract　成文化されていない契約
lucrative contract　有利な契約	ambiguous contract　曖昧な契約
major contract　大型契約	

method 03　2-20, 21

長文スピーキング

> これまでに紹介してきた相性動詞・形容詞を使った
> 文章や会話をスピーキング練習しよう。

スピーチ

Hello, team. As you know, tomorrow, we have a very important meeting with a potential client. The new client is the largest cell phone company in the country. Our goal is to negotiate and **sign a lucrative contract with** the lowest commission rate. I have called this briefing to ensure that we are successful tomorrow. Partnering with CellularQuest will give us access to millions of new customers. When CellularQuest customers choose their cable TV provider, it will be us. This is a huge opportunity for us and we want to make sure we turn it into results.

訳

こんにちは、みんな。ご存知のように、明日は、潜在的なクライアントとの非常に重要な会議があります。新しいクライアントは、国内最大の携帯電話会社です。私たちの目標は、最も低い手数料率で交渉をして、有利な契約を締結することです。明日成功させるためにこのブリーフィングを開きました。CellularQuestと提携することで、数百万の新しいお客様へのアクセスが可能になります。CellularQuestのお客様がケーブルテレビプロバイダを選択する時、それは私たちになります。これは私たちにとって大きなチャンスであり、我々はそれを結果に変えることを確実にしたいと思います。

会話

A: Hey, Scott. Was it you who dropped **the draft of the new contract** on my desk?
B: Yes, sorry. I did not see you in your office all morning.
A: No worries. I looked over your draft, and I have a few proposed changes I would like to discuss with you before we submit **the final version of the contract.**
B: I will be getting on a conference call in ten minutes, but how about I come by your office in an hour to discuss?
A: That sounds great. I will see you soon.

訳

A: ねえ、Scott。私の机の上に新しい契約のドラフトを置いたのはあなたかな?
B: うん、ごめんなさい。午前中にオフィスで君を見なかったからね。
A: 大丈夫だよ。あなたのドラフトを見たんだけど、契約の最終版を提出する前に、いくつか話し合っておきたい修正点があるの。
B: 10分後に電話会議に出るけど、1時間後に君のオフィスに行って、議論することができるよ。
A: いいね。また後で。

method 01 | method 04 | 2-22

No.33 | Partnership

◯ 短文スピーキング

01 我々とSD railwaysは、地元の交通機関を改善するためのパートナーシップを結ぶところです。

02 私たちは、世界市場で競争するためにいくつかの新しいパートナーシップを構築しています。

03 GCSは東京コンサルティングとの新たなパートナーシップを通じて顧客を増やすことを期待しています。

04 ヨーロッパで新たなパートナーシップを構築するために、より多くの資源を投入します。

05 現在はライバルと見なしている会社とビジネスパートナーシップを確立しようと模索しています。

06 当社がSixty-Six, Inc.と刺激的な事業提携を行うことが最近発表されました。

07 私たちは、国際的なパートナーシップを活用して世界のネットワークを拡大しようとしています。

08 当社は、Lyon Electronicsとグローバルなパートナーシップを締結することに合意しました。

09 成熟したパートナーシップを持つためには、互いのリソースをより良く理解することが不可欠です。

10 パートナーシップ契約に署名する前に、両当事者はこの重要な問題に対処する必要があります。

正解　1. enter　2. building　3. forging　4. creating　5. establish　6. go

> **コアイメージ**
>
> relationshipに比べて、「法律上の結びつき」、「ビジネス上の結びつき」がある関係性を示すのがpartnershipです。

日本語訳と頭文字をヒントに、より自然な
組み合わせになる英単語を入れてみましょう。

---

01 we and SD railways are about to e_____ into a partnership to improve local transport.

02 We are b_____ several partnerships to compete in the global market place.

03 GCS expects to increase customers through f_____ a new partnership with Tokyo Consulting.

04 We will put more resources into c_____ partnerships in Europe.

05 We seek to e_____ business partnerships with companies we currently consider rivals.

06 It has recently been announced that our company will g_____ into an exciting business partnership with Sixty-Six, Inc.

07 We look to expand our worldwide network by l_____ international partnerships.

08 We have agreed to s_____ a global partnership with Lyon Electronics.

09 To h_____ a mature partnership, a better understanding of each other's resources is essential.

10 Before s_____ a partnership agreement, both parties should address this important issue.

7. leveraging　8. sign　9. have　10. signing　→詳細解説は次頁へ

method 02

○「相性動詞＋partnership」の組み合わせ

「パートナーシップを築く」の使い分け >> PICK-UP!

👌 OK 一般的な言い方

- **create** a partnership　パートナーシップを構築する
- **have** a partnership　パートナーシップを持つ
- **build** a partnership　パートナーシップを構築する

👍 much better 世界を唸らせる言い方

1 **forge** a partnership
（パートナーシップを構築する）

2 **go[enter] into** a partnership
（パートナーシップを結ぶ）

3 **establish[set up]** a partnership
（パートナーシップを構築する）

まず、haveが持つイメージは、プロセスでも結果でもなく、パートナーシップをすでに確立しているという「状態」であることを押さえておきましょう。

1 forgeは元々鉄などを「鍛える」という意味です。したがってその裏に努力の様子が感じられる場合に使われることが多いです。

2 go[enter] intoは「築く」というより「結ぶ」という意味ですので、プロセスではなく、「結果」にフォーカスが当たります。

3 一方で、establish[set up]は「プロセスの初期」を指す意味を持つので、プロセス全体ではなくスタートさせるところにフォーカスが当たっていると捉えるといいでしょう。set upに比べるとestablishはかための単語で、書き言葉でよく見られます。

パートナーシップを活用する

- **leverage** a partnership　活用する
- **use** a partnership　活用する

leverageは、useに比べると、「利益のために活用する」といったように、より目的意識がはっきりとしている時に使うと効果的でしょう。英検準1級レベルの文章で目にする単語です。

others

- **announce** a partnership　発表する
- **seek** a partnership　探し求める
- **engage in** a partnership　関わる
- **sign** a partnership　締結する

○「相性形容詞+partnership」の組み合わせ

ポジティブ	ネガティブ
effective partnership　効果的なパートナーシップ	ineffective partnership　無益なパートナーシップ
mutually beneficial partnership　互恵的なパートナーシップ	outdated partnership　時代遅れのパートナーシップ
strong partnership　強力なパートナーシップ	damaged partnership　壊れたパートナーシップ
close partnership　緊密なパートナーシップ	distant partnership　疎遠なパートナーシップ
broad partnership　広範なパートナーシップ	narrow partnership　限られたパートナーシップ
good partnership　良いパートナーシップ	bad partnership　悪いパートナーシップ
great partnership　素晴らしいパートナーシップ	poor partnership　乏しいパートナーシップ
successful partnership　有益なパートナーシップ	unsuccessful partnership　無益なパートナーシップ
key partnership　重要なパートナーシップ	unimportant partnership　重要でないパートナーシップ

others

- **international** partnership　国際的なパートナーシップ
- **comprehensive** partnership　包括的なパートナーシップ
- **global** partnership　グローバルパートナーシップ
- **mature** partnership　成熟したパートナーシップ
- **strategic** partnership　戦略的なパートナーシップ

comprehensive partnershipは訳語の通り「様々な点をカバーするパートナーシップ」であることを意味します。一方で、strategic partnershipは「明確な目的に基づいたパートナーシップ」を指します。

method 03 2-23, 24

○ 長文スピーキング

> これまでに紹介してきた相性動詞・形容詞を使った
> 文章や会話をスピーキング練習しよう。

スピーチ

I am pleased to see that both parties are here today to work together on a new solar energy proposal. I believe that combining our strengths will **create a mutually beneficial partnership** where both companies will be able to join the alternative energy movement, taking our planet in the right direction and preserving its resources for many generations to come. It is safe to say that both parties here today are committed to reducing our carbon footprint using the latest technology available. Our customers have seen the value of our work, and I am looking forward to seeing what we can produce together.

訳

私は、両当事者が今日、新しい太陽エネルギーの提案に協力することをとても嬉しく思います。両社が代替エネルギー運動に参加し、私たちの強みを結びつけることで、地球を正しい方向に向かわせ、これからの多くの世代の人々のために資源を保存する、互恵的なパートナーシップを生み出すことができると信じています。今日の両当事者は、最新の技術を利用して、二酸化炭素排出量を削減することにコミットしていると言えるでしょう。お客様は私たちの仕事の価値に注目していますので、一緒に何ができるかを楽しみにしています。

会話

A: It's nice to see you, Jake. It's been a long time. What have you been up to lately?
B: I have been very busy, starting my own small business.
A: How exciting! Are you doing it all by yourself?
B: Currently the business is still in the idea stage. I am still figuring out a few details. There are just so many factors to consider! But soon the process will get easier because I am **going into a partnership with** my good friend Joe.
A: That's really great. I hope everything goes well for you, and keep me posted.
B: Will do!

訳

A: お会いできて嬉しいです、Jake。久しぶりですね。最近どうしていましたか?
B: 私は小さなビジネスを始めてとても忙しかったです。
A: それは素晴らしい! 自分ですべてやっているのですか?
B: 現在、ビジネスはまだアイデアの段階です。私はまだいくつかの詳細を考え出しているところです。考えなければいけないことがたくさんあります。しかし、親友Joeとパートナーシップを組むことになっているので、すぐに仕事は楽になるでしょう。
A: 本当に素晴らしいですね。私はすべてがうまくいくことを願っているので、今後も色々教えてくださいね。
B: もちろんです!

No.34 Expectation

method 01 | method 04 | 2-25

○ 短文スピーキング

01 Bridgetの人事考課は、彼女が期待を上回ったことを示しています。

02 Ginaは彼女の履歴書にあると主張した経験を持っておらず、みんなの期待を裏切りました。

03 Richardは彼の上司の非現実的な期待に立ち向かうことができず、辞めました。

04 製品の品質は顧客の期待を下回っています。

05 その企業の謝罪は国民の期待に反していた。

06 優れたサービスを提供するための鍵は、常にお客様の期待に応えることです。

07 私は、新技術が期待に添えるかどうかを知りたいと思っています。

08 彼は以前の雇用者によって2つの懲戒処分を受けていたため、期待は低かった。

09 株主は継続的に利益を増やすことを企業に期待しています。

10 新しいアプリはとてもスムーズに作動し、それはみんなの期待を上回るものだった。

正解　1. exceeded　2. disappointed　3. shoulder　4. fallen　5. came　6. address

コアイメージ

動詞expectの名詞であるexpectationは「期待」や「予想」という意味で通常複数形で使います。単体よりも、様々な動詞や形容詞と結びつくことで使用されることが多いです。文を通じて表現を身につけてください。

日本語訳と頭文字をヒントに、より自然な
組み合わせになる英単語を入れてみましょう。

01 Bridget's performance review indicates that she e_____ expectations.

02 Our expectations were d_____ when we found out that Gina had misstated her experience on her resume.

03 Richard was unable to s_____ his boss's unrealistic expectations, and he quit.

04 The quality of the product has f_____ below customers' expectations.

05 The company's apology c_____ short of the public's expectations.

06 The key to providing great service is to a_____ customers' expectations without fail.

07 I am eager to find out if the new technology will l_____ up to expectations.

08 As he had two disciplinary actions taken against him by his previous employer, they h_____ low expectations.

09 Shareholders p_____ expectations on the corporation to continually increase profits.

10 The new app ran so smoothly that it b_____ everyone's expectations.

7. live   8. held   9. place   10. belied   →詳細解説は次頁へ

225

method 02

◯「相性動詞＋expectation」の組み合わせ

「期待に応える」の使い分け >> **PICK-UP!**

 一般的な言い方

■ **meet** expectations　期待を満たす

much better **世界を唸らせる言い方**

1 **live up to** expectations
（期待に応える）

2 **satisfy** expectations
（期待を満足させる）
fulfill expectations
（期待に応える）

3 **address** expectations
（期待に応える）

1 まず、基本表現のmeet expectationsは「シンプルに求められた期待値のラインに達する」というニュアンスを持ちます。それに対して、live up to expectationsは通常「高い期待に応える」場合に使われます。さらに、live up toはショーやコンサートなどのパフォーマンスのシーンでも多く使われるので、日常会話でも使えるようにしておきたいですね（例：I thought seeing U2 in concert would be great, and it lived up to my expectations.）。

2 satisfyとfulfillは通常、「上司や親など自分よりも社会的地位の高い人の期待に応える」シーンで使われます（例：I didn't fulfill[satisfy] my boss's expectations.）。

3 address a problemで「問題に対処する」という意味で使われるように、addressは、その対象物に注意を向け取り組むイメージを持ちます。よってaddress expectationsは他者の期待に注意を向け、それを満たすべく取り組みをするようなニュアンスを掴み取れたらいいでしょう。

期待を抱く

- **have** expectations　持つ／抱く
- **hold** expectations　抱く
- **place** expectations on　（〜に期待を）かける

haveよりもholdを使ったほうが、話者のより強い意志が感じられます。

期待を高める

- **heighten** expectations　高める／強める
- **raise** expectations　高める
- **elevate** expectations　高める

期待に反する

- **belie** expectations　上回る／裏切る
- **come short of** expectations　反する
- **disappoint** expectations　裏切る
- **fall below** expectations　下回る
- **fall short of** expectations　（期待）外れになる

comeやfallなど基本単語と結びつき多用されるのがexpectationの特徴です。日常会話・ビジネス問わず、主に話し言葉でよく耳にします。

others

- **exceed** expectations　上回る
- **state** expectations　表明する
- **shoulder** expectations　引き受ける／担う

shoulderは日本語の「双肩に担う」に相当する用法です。

○「相性形容詞＋expectation」の組み合わせ

ポジティブ	ネガティブ
clear expectations　明らかな期待	unrealistic expectations　非現実的な期待
confident expectations　確かな見込み	excessive expectations　過剰な期待
reasonable expectations　合理的な予測	

others

- **growth rate** expectations　成長率予測
- **interest-rate** expectations　金利予想
- **cognitive** expectations　認識予想

method 03　長文スピーキング

これまでに紹介してきた相性動詞・形容詞を使った
文章や会話をスピーキング練習しよう。

スピーチ

Hello, Samuel. As you know, a third-party agency has been tracking your project's progress over the course of the last fiscal year. They recently reached out to me with a full progress report, and the results **disappointed my expectations**. Their analysis revealed that the funds that went into the project were not matched by the amount of revenue it was able to generate. The expectation is that value generated over the next five years will not justify the investment. I have decided to terminate the project immediately, since the work that you have put in has not **lived up to my expectations**.

訳

こんにちは、Samuel。あなたも知っているように、第三者機関が、前事業年度期間中のあなたのプロジェクトの進捗状況を追跡してきました。先日、彼らが完全な進捗報告書を送ってくれましたが、結果はとても残念なものでした。彼らの分析によると、プロジェクトに投入された資金と、それによって生み出すことができた収益には、大きな不均衡があったことが明らかになりました。今後5年間の見積もりも、投資を正当化するものではありません。あなたがしてきた仕事は私の期待に応えられていないので、プロジェクトをすぐに終了することを決定しました。

会話

A: I have gathered you all here to deliver wonderful news. Over the course of the past year, we have grown tremendously, receiving hundreds of positive reviews from clients, and **exceeding customer expectations**. So now, my question to you is: what next?

B: I believe that it's time for us to start building our company's brand, to show the consumer that we are not only able to offer reliable home office solutions, but also that we are unique and innovative.

A: I strongly agree that's the only way we will be able to solidify our position in the marketplace for years to come and ensure the sustainability of our company. Anyone else have something to add on the subject?

訳

A: 素晴らしいニュースをお届けするために、ここに皆さんを集めました。過去1年間にわたり、我々は顧客からのとても多くの肯定的な評価を受け、顧客の期待を超えながら、大いに成長しました。だから今、私の質問は「次は何ですか」ということです。

B: 私たちは、自社ブランドの確立を開始し、信頼できるホームオフィスソリューションを提供できるだけでなく、ユニークで革新的であることを消費者に示す時がきたと考えています。

A: 長期的に市場での地位を固め、当社の持続可能性を保証する唯一の方法だということに強く同意します。他に誰か、このテーマについて何か追加することはありますか?

method 01 **method 04** 2-28

No.35 Negotiation

○ 短文スピーキング

01 我々はパートナーシップのための交渉に入った。

02 LGCは、この協定に向けた交渉を中断する予定だ。

03 従業員は、役員たちに実を結ばない交渉を中止するよう呼びかけた。

04 同社はSheffield Tradingとの断続的な交渉を成功裏に終えたと発表した。

05 舞台裏の交渉が1ヵ月間行われている。

06 マネージャーは、部下と給与の交渉を再開した。

07 我々は、交渉を迅速にするためにあらゆる努力をするだろう。

08 彼らは、一連の会議の後に交渉を開始することに合意したところだ。

09 難しい交渉を終結させるためには、妥協案を受け入れることを求めます。

10 無益な交渉を終わらせ、手放すべきです。

正解 1. entered 2. break 3. cease 4. on-and-off 5. Behind-the-scenes 6. resumed

> **コアイメージ**
>
> negotiationは通常複数形で使われます。processとの相性がよく、negotiation processの形で使われます。negotiationが形容詞化していると理解しましょう。

日本語訳と頭文字をヒントに、より自然な組み合わせになる英単語を入れてみましょう。

01 We e_____ into partnership negotiations.

02 LGC Corporations plans to b_____ off negotiations regarding the agreement.

03 The employees called on the board members to c_____ fruitless negotiations.

04 The company announced successful conclusion of o_____ negotiations with Sheffield Trading.

05 B_____ negotiations have been taking place for a month.

06 The manager r_____ salary negotiations with subordinates.

07 We will make every effort to e_____ negotiations.

08 They have just agreed to l_____ negotiations after a series of meetings.

09 In order to f_____ the arduous negotiations, I urge you to accept the compromise deal.

10 You should t_____ the futile negotiations and let the deal go.

7. expedite　8. launch　9. finalize　10. terminate　　→詳細解説は次頁へ

method 02

○「相性動詞＋negotiation」の組み合わせ

「交渉を開始する」の使い分け >> **PICK-UP!**

👆 OK 一般的な言い方

- **start** negotiations　交渉を開始する
- **begin** negotiations　交渉を開始する

👍 much better 世界を唸らせる言い方

1 **initiate** negotiations
（交渉を始める）

2 **launch** negotiations
（交渉を開始する）

3 **enter into** negotiations
（交渉を開始する）
open negotiations
（交渉を始める）
undertake negotiations
（交渉を開始する／企てる）

1 initiaiteはenter intoやlaunchと似ていますが、若干カジュアルな表現です。enter into negotiations with、launch negotiations onと、withやonをとるのに対して、initiateはwithもonもとらず、単純に「交渉プロセスを開始する」ことに重点が置かれます。

2 launchは、ロケットの打ち上げのように勢いが感じられ「計画したものを開始する」という意味で使われます。enter intoが通常その交渉の対象を必要とするのに対し、launchは対象を必要としません。例えば、enter into negotiations with the United Statesに対して、launch negotiations on TPPと表現できるのです。

3 enter into negotiationsは「交渉というプロセスを開始する」臨場感を持ってビジネスシーンで好んで使われます。

open negotiationsは使用頻度が高いですが、反義語closeから、「閉ざされていたものを開く」含みがあり、これまでの関係性が閉ざされたものであったことがわかります。最後にundertakeは、enter intoやlaunchに近いです。名詞形がundertaker（葬儀屋）、つまり「埋葬のために穴を掘る人」を指すことから、「ハードワークのために穴を掘る」イメージで捉えてください。

交渉を再開する

- **reopen** negotiations　再開する
- **resume** negotiations　再開する
- **restart** negotiations　再開する

reopenはこれまでに「closeの状態になっていたこと」が前提なので「交渉が閉ざされていたこと」が読み取れます。resumeとrestartはそのような「閉ざされていた」背景をニュアンスには含まず、resumeのほうがフォーマルです。

交渉を打ち切る

- **break off** negotiations　打ち切る／決裂する
- **terminate** negotiations　終わらせる
- **cease** negotiations　やめる

break offは交渉の決裂のほか、「男女の関係が切れる」文脈でも使われます。ceaseの原義はラテン語で「道草を食う／怠ける」です。

others

- **finalize** negotiations　まとめる
- **expedite** negotiations　促進する
- **pursue** negotiations　追求する

○「相性形容詞＋negotiation」の組み合わせ

- **arduous** negotiations　困難な交渉
- **futile** negotiations　無益な交渉
- **fruitless** negotiations　実を結ばない交渉
- **on-and-off** negotiations　断続的な交渉
- **behind-the-scenes** negotiations　舞台裏交渉

method 03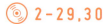

長文スピーキング

> これまでに紹介してきた相性動詞・形容詞を使った
> 文章や会話をスピーキング練習しよう。

スピーチ

Dear legal team, I am here to provide a status update from our negotiations with Williams & Stuart this morning. As you know, we have been in the **negotiation process** with Williams & Stuart for over 3 years. Spencer and Nancy were very well prepared for the meeting, however none of us could have anticipated what happened. During the settlement discussion, the opposing legal team decided to **break off negotiations**, stating our requested amount was too high, and walked out of the room. Legally we cannot persuade them to **resume negotiations** without a court order, so we have launched a suit.

訳

リーガルチームの皆さん、今朝、Williams & Stuartとの交渉についての更新された近況をお伝えするために私はここにいます。皆さんが知っているように、我々は3年以上 Williams & Stuartと交渉をしています。SpencerとNancyは会議の準備をしっかりとしましたが、私たちの誰も何が起こったのか予期することはできませんでした。和解の議論の途中、相手のリーガルチームは、要求された金額が高すぎると述べ、交渉を断ち切り、部屋から出て行きました。法的には、裁判所の命令なしではそれらを解決するよう説得することはできませんので、訴訟を起こしました。

会話

A: Hi Jose, I found another job.
B: That's great! Where are you going to be working?
A: I will start at General Technologies as their Entertainment Software Manager. I will work on incorporating music streaming services into their software and improving Bluetooth connectivity.
B: Congratulations!
A: Thank you, but not everything is finalized yet. My new employer and I have not been able to settle on a salary. We will **resume negotiations** later this week.
B: Good luck **pursuing the negotiations**, Kat. You work hard and deserve higher compensation.
A: Thanks, Jose.

訳

A: やあ、Jose、私は別の仕事を見つけました。
B: それは良かったね！どこで働くの？
A: 私はGeneral Technologiesでエンターテイメントソフトウェア部長として仕事を始めます。ソフトウェアに音楽ストリーミングサービスを組み込み、Bluetooth接続性を向上させるために取り組んでいきます。
B: おめでとう！
A: ありがとう。しかし、すべてがまだ確定したわけではないのです。私の新しい雇用主と私は給料を決めることができていません。今週末に交渉を再開する予定です。
B: 交渉がうまくいくといいね、Kat。あなたは懸命に働いているし、より高い報酬を受ける権利があります。
A: ありがとう、Jose。

No.36 Consequence

○ 短文スピーキング

01 あなたが1年前に下した大胆な決断の結果を評価する時です。

02 私たちの行動がもたらした結果を甘受しなければなりません。

03 政府は低所得世帯に補助金を支給することで、税制改革の影響を緩和することを決定した。

04 過ちを犯す前に、行動の結果について考えるべきです。

05 あなたのキャリアに傷のつく取り返しのつかない結果をもたらさないように、最善を尽くしてください。

06 高給は有益な結果を生み出すインセンティブとして正当化されていますか？

07 このミーティングで、我々の行動の結果を評価しましょう。

08 夜遅くに働くことは、長期的に健康に深刻な影響を与えます。

09 ゆくゆくはAIは、その行動の結果を推測できるようになるだろう。

10 現在、私が過去に犯した失敗の結果を分析しようとしています。

正解　1. evaluate　2. live　3. mitigate　4. reflect　5. cause　6. produce

> **コアイメージ**
>
> consequence「（必然的な）結果／成り行き」といった意味で通常複数形になります。resultよりもかたい語で、resultは結果にシンプルに重点が置かれていますが、consequenceは行動からの成り行きとしての結果という意味で前後関係を感じる語です。

> 日本語訳と頭文字をヒントに、より自然な
> 組み合わせになる英単語を入れてみましょう。

01 It is time to e_____ the consequences of the bold decision you made one year ago.

02 We have to l_____ with the consequences of our actions.

03 The government decided to m_____ the consequences of tax reform by delivering temporary handouts to low-income families.

04 You should r_____ on the consequences of your actions before you misbehave.

05 Do your best in order not to c_____ irrevocable consequences detrimental to your career.

06 Are large salaries more justified as incentives to p_____ beneficial consequences?

07 Let's use this meeting to a_____ the consequences of our action.

08 Working late at night p_____ serious long-term health consequences.

09 AI will eventually be able to e_____ the consequences of its actions.

10 I'm currently trying to a_____ the consequences of mistakes I made in the past.

7. assess   8. poses   9. envisage   10. analyze   →詳細解説は次頁へ

method 02

◯「相性動詞+consequence」の組み合わせ

「結果を評価する／考える」の使い分け >> PICK-UP!

👌 OK   一般的な言い方

- **consider** the consequences　結果について熟考する
- **think about** the consequences　結果について考える

👍 much better   世界を唸らせる言い方

1 evaluate the consequences
（結果を評価する）

2 assess the consequences
（結果を評価する）

3 analyze the consequences
（結果を分析する）

1
2　evaluateとassessの名詞形を分析してニュアンスの違いを把握していきましょう。evaluationは「ある基準と比較しながら対象物の価値を判断するために観察や測定をするプロセス」を指します。一方で、assessmentは「観察や測定などによって対象物の状態を評価するプロセス」を指します。ですから、assess the consequencesは、その結果がどうであったかということを評価するもので、evaluate the consequencesは、評価基準と比べてその結果がどうであったかということを評価します。assessは若干主観的、それに対してevaluateはより客観的に評価をする含みがある点も忘れずに。

3　analyze the consequencesは「分析する」という意味が示すように、「結果を小さな単位に分けてその内容を解明する」ことです。
他の表現
- **reflect on** the consequences　よく考える

reflect onは、若干インフォーマルです。reflectは元々「反射する」という意味があり、the light reflects on the waterのようにも使われます。

結果をもたらす

- **produce** the consequences　もたらす／生み出す
- **have** the consequences　もたらす
- **cause** the consequences　もたらす
- **pose** the consequences　与える
- **yield** the consequences　もたらす

haveが最も一般的ですが、produceは「より積極的な行動によって結果をもたらす」イメージがあります。一方でyieldは「行動の結果として自然に生み出されたもの」というような因果関係のニュアンスを持ちます。yieldは名詞で「産出高／生産額／収穫／利回り」といった幅広い意味を持ちます。ビジネスシーンで使いこなせるようにしましょう。

結果に直面する

- **face** the consequences　直面する／正視する
- **accept** the consequences　受け止める
- **live with** the consequences　甘受する
- **receive** the consequences　得る／受け取る

live withは、文字通りの「一緒に生きる」という意味を軸に「共生する」つまり「受け入れる／甘受する」と捉えると理解しやすいです。

others

- **anticipate** the consequences　予期する
- **explain** the consequences　説明する
- **envisage** the consequences　想像する／考察する／推測する
- **disregard** the consequences　無視する
- **overestimate** the consequences　過大評価する
- **mitigate** the consequences　緩和する
- **avoid** the consequences　避ける

○「相性形容詞＋consequence」の組み合わせ

ポジティブ	ネガティブ
beneficial consequences　有益な結果	deadly consequences　致命的な結果
life-changing consequences　人生を一変させるような結果	detrimental consequences　有害な結果
major consequences　重要な結果	devastating consequences　ひどい結果
noticeable consequences　顕著な結果	harsh consequences　厳しい結果
possible consequences　可能性のある結果	irrevocable consequences　取り返しのつかない結果
dramatic consequences　劇的な結果	disastrous consequences　悲惨な結果
	life-threatening consequences　致命的な結果

method 03　長文スピーキング

> これまでに紹介してきた相性動詞・形容詞を使った
> 文章や会話をスピーキング練習しよう。

スピーチ

To be honest, we did not do well this quarter. Our company has suffered record losses, closing 245 out of 1,247 stores, and we are looking to close another 300 in the next 6 months if we are not able to generate profits from Christmas sales. We've already decreased expenditure on labor and materials to the bare minimum. Inability to come up with an innovative strategy to compete with the online market will **have disastrous consequences** for us in the near future, including potentially closing all stores by this time next year. We are eagerly seeking proposals on how to **avoid these consequences**.

訳

正直に言って、この四半期はうまくいきませんでした。当社は、1,247の店舗のうち245店舗を閉鎖し、記録的な損失を被っており、クリスマスの売上から利益を得ることができなければ、次の6ヵ月で300店舗を閉鎖する予定です。私たちはすでに人件費と材料のコストを最低限に抑えました。オンライン市場と戦うための革新的な戦略を立てることができないと、近い将来私たちにとって悲惨な結果を招き、来年のこの時期までにすべての店舗を閉鎖する可能性があります。こういった結果を避ける提案を熱望しています。

会話

A: Cath, can I see you in my office?
B: Of course, Rich.
A: Please take a seat...It has come to my attention that over the period of the past year, you used your privileged position as the chief accountant to transfer funds from the corporate account into your personal account. Is this true?
B: Rich, I believe these accusations are not true, and I refuse to disclose any further information without the presence of my lawyer.
A: Very well, Cath. The company will initiate legal action, and, if there is sufficient evidence to substantiate my claim, I want you to be prepared to **live with the consequences**.

訳

A: Cath、私のオフィスまで来てくれるかな?
B: もちろんです、Rich。
A: どうぞ座ってくれ…過去1年間、君は主任会計士としての特権的地位を利用して、法人口座から君の個人口座に資金を移したということを知ったのだが、これは本当かな?
B: Rich、私はこれらの告訴は真実ではないと確信していますし、弁護士の存在なしにさらなる情報を開示することを拒否します。
A: そうか、Cath。会社は法的措置を開始し、申し立てを立証するのに十分な証拠がある場合、君はその結果を受け入れてくれることを願っているよ。

No.37 Investment

method 01 | method 04 | 2-34

○ 短文スピーキング

01 政府は外国からの投資を促そうとしている。

02 彼らから良い契約を得たら、私たちはすぐに投資を回収することができるかもしれません。

03 私たちはヨーロッパへの財政投資を拡大する予定です。

04 このようなシナリオでは、彼らは投資を抑えることを余儀なくされるだろう。

05 彼らはサイバーセキュリティへの投資を強化すると発表した。

06 私たちは、青写真を準備せずに、軽率な投資を抑制する必要があります。

07 さらなる投資を誘発するために、私たちは何ができると思いますか?

08 一部の地方自治体は、地域社会へのビジネス投資を誘引する努力をしている。

09 技術への控えめな投資は、時には大きな成果をもたらすことがあります。

10 観光旅行業は、より多くの設備投資を呼び込むと予想されます。

正解 1. spur 2. recoup 3. expand 4. pare 5. beef 6. curb

コアイメージ

投資のように、「お金などの資本を何かに投入する」という意味です。具体的な投資案件を指すときは可算名詞扱いで、抽象的に一般的な投資を指す場合には不可算名詞扱いとなります。

日本語訳と頭文字をヒントに、より自然な組み合わせになる英単語を入れてみましょう。

01 The government is trying to s_____ investment from abroad.

02 If we get a good deal from them, we may be able to r_____ our investment quickly.

03 We will e_____ our financial investment in Europe.

04 In such a scenario, they would be forced to p_____ investments.

05 They have announced their plan to b_____ up their investment in cyber security.

06 We have to c_____ imprudent investments without preparing a blueprint.

07 What do you think we can do to l_____ further investment?

08 Some local governments make efforts to e_____ business investment in their communities.

09 A modest investment in technology can sometimes y_____ substantial outcomes.

10 Travel & Tourism is expected to have a_____ more capital investment.

7. lure   8. entice   9. yield   10. attracted   →詳細解説は次頁へ

243

method 02

「相性動詞＋investment」の組み合わせ

「投資を増やす、減らす」の使い分け >> **PICK-UP!**

👌 OK　一般的な言い方

- **decrease** investment　投資を減らす ⇔ **increase** investment　投資を増加させる
- **reduce** investment　投資を削減する
- **restrict** investment　投資を制限する

👍 much better　世界を唸らせる言い方

 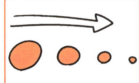 

1 beef up investment
（投資を増加させる）

2 pare investment
（投資を減らす）
⇔ **step up** investment
（投資を増加させる）

3 curb investment
（投資を制限する）

　decrease、reduceは幅広いシーンで使われるものですが、beef up investmentは少し強いニュアンスを持っているため、個人投資に使われるよりも、ビジネスとしての投資活動のシーンで使われることが多くあります。

1　beef upという句動詞は他にも、The company is eager to beef up its production activities.のように「強化する」という意味でも使われます。

2　pare investmentとstep up investmentはそれほど強いニュアンスを持つものではありませんが、ビジネスシーンで使われることが多い表現です。
　pareという動詞は、pare applesのように「果物の皮を剥く」という意味からイメージできます。それほど大きな投資の削減ではなく、一部を少しずつ削減するようなイメージを持てるかと思います。

3　curbは「縁石」という意味で知られていますが、「制限する」という動詞でも使われます。通常、望ましくないものをさらに制限する時に使われます。

投資を促す

- **foster** investment　促す
- **spur** investment　促進する
- **promote** investment　促す
- **urge** investment　促す
- **encourage** investment　促す

fosterは「育てる」という意味を持つように、「健全なものへの成長を目的とした」イメージを持ちますが、spurは「馬が速く走るように鞭を打っている」ような強いイメージを持っています。promoteはそれほど強い語感を持ちません。

投資する

- **carry out** investment　（投資を）する
- **make** an investment　（投資を）する
- **strengthen** investment　強化する
- **expand** investment　拡大する
- **enhance** investment　強化する

投資を集める／生み出す

- **attract** investment　呼び込む
- **lure** investment　呼び込む／誘引する
- **entice** investment　呼ぶ／誘引する
- **recoup** investment　回収する

「呼び込む」の意味ではattractが一般的な単語です。lureは「誘い込む」とネガティブな文脈で使われることもあります。

others

- **consider** investment　検討する

○「相性形容詞＋investment」の組み合わせ

ポジティブ	ネガティブ
secure investment　安全な投資	risky investment　リスク投資
attractive investment　魅力的な投資	imprudent investment　軽はずみな投資
bold investment　大胆な投資	unwise investment　思慮に欠ける投資

others

- **original** investment　当初の投資
- **prior** investment　先行投資
- **massive** investment　大規模な投資

method 03 2-35, 36

長文スピーキング

> これまでに紹介してきた相性動詞・形容詞を使った
> 文章や会話をスピーキング練習しよう。

スピーチ

Hello everyone, happy Friday! We have some great news in today's weekly bulletin. Earlier this year we chose 5 new start-ups and invested $250,000 in each. As of last week, 3 of them started to generate profit. If the trend continues, we are likely to **recoup our original investment** and make a handsome profit. Our idea team is looking for new capital ventures, so if you know of other promising start-ups out there, feel free to shoot an email to Mike Patterson so he can **consider investment**. Keep up the good work!

訳

こんにちは、皆さん、ハッピーフライデイ！ 今日の週刊社内報には素晴らしいニュースがあります。今年の初めに5つの新興企業を選び、それぞれに25万ドルを投資しました。先週、そのうちの3社が利益を生み出しました。この傾向が続けば、当社は当初の投資を回収し、かなりの利益を上げる可能性が高くなりました。私たちのアイデアチームは新しい資本主義のベンチャーを探していますので、有望な新興企業を知っていれば、Mike Pattersonに電子メールを送ってください。彼が投資を検討します。その調子で頑張ってください！

会話

A: I've gathered you here today to discuss our company's future. In the past 6 months, we've been able to come up with a business model, execute its first steps, and use the initial investor's capital wisely. However, in order to grow, we need to **lure massive investment**. Pam, can you tell the group what ideas you came up with?

B: Of course, Pat. Since our goal is to **attract investment** to increase the number of co-working spaces that we rent out, we can reach out to investors who already have products that we can use in our spaces. This includes furniture, computers, kitchen appliances, and the list goes on. This will dramatically increase our exposure and educate people about our ideas to **attract investment**.

A: That's a great idea, Pam. Anyone else?

訳

A: 今日、私は私たちの会社の将来について話し合うために、あなた方に集まってもらいました。過去6ヵ月間、私たちはビジネスモデルを考え出し、その最初のステップを実行し、投資家の初期資本をうまく活用することができました。しかし、成長するためには、大規模な投資を誘引する必要があります。Pam、あなたの考えをグループに伝えることができますか?

B: もちろんです、Pat。私たちの目標は、私たちが貸し出ししている共同作業スペースの数を増やすことであるため、私たちのスペースで使用できる製品をすでに持っている投資家にアプローチすることができます。これには、家具、コンピュータ、台所用品などが含まれています。これにより、当社の露出が劇的に増加し、人々に私たちの考えを伝え、投資を誘引することになります。

A: 素晴らしい考えですね、Pam。他に誰か?

method 01　method 04　2-37

No.38 Project

○ 短文スピーキング

01 彼らは、部門間プロジェクトをうまく開始しました。

02 私たちは、一緒にプロジェクトに着手することに興奮していました。

03 プロジェクトをスケジュール通りに保つための戦略は何ですか？

04 中途半端に続けるよりは、相互に同意してプロジェクトを終了させたほうがいいでしょう。

05 今週、私は未発表のプロジェクトに取り組んでいます。

06 この挑戦的なプロジェクトを率いることは、絶対に栄誉でした。

07 このプロジェクトのデザインから仕上げの承認までを調整するのは私の責務です。

08 予期せぬ問題によりコストが上昇したことで、プロジェクトを廃止しました。

09 それらとの共同プロジェクトを正式に形にするのに2、3年かかりました。

10 私の最大の喜びの1つは、概念から現実にプロジェクトを育てることです。

正解　1. launched　2. embark　3. keeping　4. terminate　5. working　6. head

コアイメージ

「計画」を表す最も一般的な単語planとの違いは「より緻密な事前準備を必要とする」点です。これはprojectの接頭辞pro「前に」からきています。

日本語訳と頭文字をヒントに、より自然な組み合わせになる英単語を入れてみましょう。

01 They have successfully l_____ a cross-departmental project.

02 We were excited to e_____ on a project together.

03 What is your strategy for k_____ projects on schedule?

04 It's better to agree mutually to t_____ the project than to carry it out half-heartedly.

05 I have been w_____ on a yet-to-be-announced project this week.

06 It was an absolute honor to h_____ this challenging project.

07 It is my responsibility to o_____ the project from design to approval to finalization.

08 We have s_____ the project after the projected cost rose due to unexpected problems.

09 It took a couple of years to f_____ the collaborative project with them.

10 One of my greatest pleasures is to n_____ a project from concept to reality.

7. orchestrate   8. scrapped   9. formalize   10. nurture   →詳細解説は次頁へ

249

method 02

○「相性動詞＋project」の組み合わせ

「プロジェクトに着手する」の使い分け　>> **PICK-UP!**

👌 OK　一般的な言い方

- **launch** a project　プロジェクトを始める
- **work on** a project　プロジェクトに取り組む

👍 much better　世界を唸らせる言い方

1 embark on a project
（プロジェクトを開始する／着手する）

2 tackle a project
（プロジェクトに取り組む）

3 undertake a project
（プロジェクトに着手する）

---

1 launchは「ロケット打ち上げのイメージ」で使っていただきたいビジネス英語定番の表現です。こちらに似た表現で、使いこなせるとかっこいいのがembark on。どちらも「プロジェクトの初期の段階に着手する」含みを持ちます。
別の定番表現であるwork onは「プロジェクトがある程度進んだ中盤」で使われる傾向があるので、汎用性のある表現として活用してください。
embark onについて詳しく説明していきます。これは元々「乗り出す／身を投じる」という意味を持つように「新しい世界に飛び込む」イメージを持って使いましょう（例：embark on a trip（旅に出る）、embark on a new position（新しい職種に就く）、She embarked on a career as a sales assisstant.（彼女はセールスアシスタントとして仕事を始めた））。

2 3 最後に、tackle/undertakeは「初期〜中盤のプロジェクトに手を加えていく」イメージ。tackleは、アメフトのタックルから想像できますが「決心して難題に取り組む」ニュアンスが含まれます。

プロジェクトを立てる

- **work out** a project　立てる
- **set up** a project　立案する

どちらも同じような意味を持ちますが、使い分けできると差がつきます。work outはより「プロジェクト」自体に重点が置かれている一方、set upは「立ち上げ」部分が強調されます。

プロジェクトをやめる

- **cancel** a project　取りやめる
- **scrap** a project　打ち切る
- **terminate** a project　打ち切る

プロジェクトをまとめる

- **organize** a project　まとめる
- **put** a project **together**　まとめる
- **formalize** a project　正式に決定する／正式に形にする

プロジェクトを指揮する／進める

- **head** a project　指揮する
- **keep** a project **on schedule**　スケジュール通りに進める
- **orchestrate** a project　組織化する／調整する
- **coordinate** a project　調整する

orchestrateは「オーケストラ」のイメージで理解しやすいはずです。最大の効果を引き出すべく組み合わせたり、調整したりすることを指します。

others

- **nurture** a project　育てる
- **collaborate on** a project　協力する
- **seek** a project　求める

○「相性形容詞＋project」の組み合わせ

- **large-scale** project　大規模なプロジェクト
- **yet-to-be-announced** project　未公表のプロジェクト
- **collaborative** project　共同プロジェクト／共同研究
- **cross-departmental** project　部門間プロジェクト
- **government** project　政府のプロジェクト
- **challenging** project　挑戦的なプロジェクト

method 03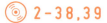

◯ 長文スピーキング

> これまでに紹介してきた相性動詞・形容詞を使った
> 文章や会話をスピーキング練習しよう。

スピーチ

My new assistant started this morning. His name is Jonathan. He will be helping me **set up projects** on a temporary basis. I recently **embarked on another challenging project**, and my workload has increased substantially. Jonathan will help me manage my conflicting priorities. Please take some time today to introduce yourself to Jonathan as we all will **be collaborating on many projects** together. If you have any scheduling or payment questions, please direct them to Jonathan. If there are any errors or conflicts, please speak to me, and I will do my best to resolve them quickly. Thank you everyone.

訳

私の新しいアシスタントは今朝加わりました。彼の名前はJonathanです。彼は臨時で私がプロジェクトを立案するのを手伝ってくれます。私は最近、他の挑戦的なプロジェクトに着手し、仕事量が大幅に増加しました。Jonathanは私の対立する優先事項を管理するのを助けてくれます。私たちが一緒に多くのプロジェクトで協力できるように、今日はJonathanに自己紹介するための時間を設けてください。スケジュールや支払いに関する質問がある場合は、Jonathanに聞いてください。問題や矛盾がある場合は、私に相談してください。すぐに解決するために最善を尽くします。みんなありがとう。

会話

A: I would like to recognize Patrick for his exceptional hard work this past month. Patrick joined our company just a year ago, and he just finished **heading his first large-scale project**. Under his diligent leadership, we have been able to successfully test our newest software.
B: What's next, boss?
A: Well, we are currently filling out forms and **seeking government projects**, which will give us stable and reliable clients.
B: That's great news. How can I get involved?
A: Kristen would know more about the proposal process than me. Please contact her and ask her if she could use some help.

訳

A: 過去1ヵ月間の素晴らしい仕事によってPatrickを表彰したいと思います。Patrickはちょうど1年前に私たちの会社に入社し、彼は最初の大規模なプロジェクトを率いました。彼の勤勉なリーダーシップのおかげで、私たちは最新のソフトウェアをうまくテストすることができました。
B: 次は何でしょうか?
A: 現在、私たちは、フォームの記入をし、政府のプロジェクトを得ようとしています。それによって安定した信頼できるクライアントを得ることができます。
B: それは素晴らしいニュースです。どうすれば私はそれに参加できますか?
A: Kristenは私よりも提案のプロセスについてもっと知っています。彼女に連絡して、助けを求めるかどうか聞いてください。

No.39 | Reputation

method 01　method 04　2-40

○ 短文スピーキング

01 私たちは、評判を汚す噂を否定するために、何かの措置を取るべきでしょう。

02 当社の優れた顧客サービスにより、地方市場での評判を獲得することができました。

03 Leeさんは、勤勉な労働者として非の打ちどころがない評判を得ました。

04 Maxツアーは、観光業界のリーダーとしての申し分のない名声を誇っています。

05 私はひどい間違いを犯したので、自分の評判を致命的に損なうでしょう。

06 過ちがあなたの専門的な評判を台なしにする可能性があることに気づくべきです。

07 その企業の戦略は、最高品質の音楽イベントを提供するという評判を強化することです。

08 これまで以上に企業がオンラインでの評判を養うことは非常に重要です。

09 評判を保つため、手遅れになる前にすぐに行動する必要があります。

10 Mariaはいつも遅刻するので、評判を落とし始めている。

正解　1. endanger　2. garner [get/gain]　3. earned [established]　4. enjoys　5. undermined

コアイメージ

「評判／噂」を表す最も一般的な単語です。ポジティブ、ネガティブ両方の文脈で使われます。他に同義語としてnameもありますが、ビジネスでよく耳にするのはreputationです。

日本語訳と頭文字をヒントに、より自然な組み合わせになる英単語を入れてみましょう。

01 We had better take certain measures to deny the rumors that e_____ our reputation.

02 Our outstanding customer service has enabled us to g_____ reputation in the local market.

03 Mr. Lee e_____ a spotless reputation as a hard worker.

04 Max Tour e_____ an impeccable reputation as a leader in the tourism industry.

05 I made a terrible mistake that fatally u_____ my own reputation.

06 You should be aware of the mistakes that can r_____ your professional reputation.

07 The company's strategy is to c_____ its reputation for delivering the highest quality music events.

08 It is more vital than ever that companies c_____ their online reputation.

09 You need to act quickly to s_____ your reputation before it's too late.

10 Maria is starting to s_____ her reputation for being late all the time.

6. ruin　7. consolidate　8. cultivate　9. save　10. shed　→詳細解説は次頁へ

method 02

○「相性動詞+reputation」の組み合わせ

「評判を高める」の使い分け >> **PICK-UP!**

OK 一般的な言い方

- **improve** a reputation　評判を高める
- **increase** a reputation　評判を高める

much better 世界を唸らせる言い方

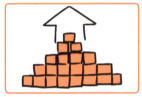

1 consolidate a reputation as[for]
（〜の評判を高める）

2 cultivate a reputation as[for]
（〜の評判を培う）

3 polish a reputation
（評判を磨く）

1 consolidateは「すでに築いた評判をより強固で確かなものとする」イメージを持った表現です。したがって、単純に高めるのではなく、崩れにくいものにするニュアンスです。

2 cultivateは「耕す」という意味から想像できるように「すでに築いたものではなく、これから評判を築いていく」ニュアンスです。種を蒔き収穫までのじっくりと時間をかけるイメージが伝わってきます。

3 polishは「ガラスなどの表面を磨いてツヤを出す」などの場面で使われるように、現存の評判が輝かしいものになるように丁寧に磨きをかけていくようなニュアンスを持ちます。

他の表現
- **enhance** a reputation　高める
- **promote** a reputation for　高める
- **save** a reputation　保つ

saveは「高める」というよりも「名声や体面などを失わないように保持する」という意味合いです。他の動詞との違いを明確に使い分けましょう。

評判を確立する

- **establish** a reputation　確立する
- **build** a reputation　確立する
- **rebuild** a reputation　再構築する
- **cement** a reputation　確立する
- **solidify** a reputation　固める

評判を得る

- **acquire** a reputation　受ける
- **gain** a reputation　得る
- **earn** a reputation　得る
- **garner** a reputation　得る

評判を傷つける

- **endanger** a reputation　危険にさらす
- **stain** a reputation　傷つける
- **damage** a reputation　傷つける
- **undermine** a reputation　ひそかに傷つける
- **destroy** a reputation　台なしにする
- **ruin** a reputation　台なしにする

destroyは「物理的な意味での徹底的な破壊」を指しますが、ruinはそれに加えて「精神的な意味での破壊」をも指します。

others

- **shed** a reputation　落とす
- **enjoy** a reputation　享受する
- **live up to** a reputation　（評判に）恥じない行動をする

shedは多義語で「血や涙をこぼす／落とす／解雇する」などの意味がありますが、原義の「切り離す」からイメージを広げましょう。

○「相性形容詞+reputation」の組み合わせ

- **impeccable** reputation　申し分のない評判
- **spotless** reputation　非の打ちどころのない評判
- **professional** reputation　専門的な評判

method 03 長文スピーキング

> これまでに紹介してきた相性動詞・形容詞を使った
> 文章や会話をスピーキング練習しよう。

スピーチ

My name is Jane Doe and I am the new quality assurance specialist here at Ridler. Today I would like to address you, the advertising team, and bring up some of my concerns. I compiled a customer satisfaction graph based on customer reviews since our company launched in 2011. As you can see we have steadily climbed to the 4-4.5-star range over the period of the first two years and were able to maintain that rating until one month ago. Our **reputation has been stained** due to a bad batch of toys coming out of our Shenzhen factory. The toys were painted using lead-based paint, and several children have gotten sick after playing with them. I'm here with you today to brainstorm solutions on how to **rebuild the company's reputation**.

訳

私はJane Doeです。私はRidlerの新しい品質保証スペシャリストです。今日は広告チームとして皆さんにお話しし、懸念事項をいくつか提起したいと思います。我が社が2011年に創業して以降の顧客のレビューに基づき、顧客満足度グラフを作成しました。ご覧の通り、最初の2年間で4-4.5スターまで着実に上昇し、ひと月前まで維持してこれました。深せん工場で生産されているおもちゃによって私たちの評判は汚されました。そのおもちゃは鉛入り塗料を使用して塗装され、そのおもちゃで遊んだ何人かの子供たちが病気にかかっています。私が今日ここにいるのは会社のイメージを復活させる方法についての解決策を考えたいと思うからです。

会話

A: Hi, Rachel. I heard that you are getting promoted to assistant manager.
B: Yes, Pat. The boss made the announcement at lunch today. I am excited to step into the new role starting next month.
A: That's great news! I knew that you were going to get the promotion because you've **cultivated a reputation** as a responsible and hard-working employee since you first started here.
B: Thanks, Pat. That means a lot. I have never been a manager before, and I will continue to **live up to the reputation** and learn how to be effective in my new role.

訳

A: こんにちは、Rachel。アシスタントマネージャーに昇進するとお聞きしましたが。
B: はい、Pat。上司が今日の昼食で発表を行いました。来月から新しい役割に踏み出せることに興奮しています。
A: 素晴らしいニュースです！ここで働き始めて以来、責任感を持ち勤勉に働く社員として評判を培ってたから、あなたが昇進することはわかっていました。
B: ありがとう、Pat。心に響きます。これまでマネージャーになったことはありませんが、評判に恥じない行動をとり、私の新しい役割でどのように効果的になれるのかを学びます。

No.40 Strength

method 01　method 04　2-43

○ 短文スピーキング

01 詳細なお客様の意見は、当社の強みを特定し、弱点を修正するのに役立ちます。

02 このパートナーシップが、データ分析の中核となる強みを活用できるようになることを願っています。

03 このトレーニングコースは、あなたの個人的な強みを強化するための集中的な学習の機会を提供します。

04 このレポートは、我々が議論している戦略の長所と短所を明らかにすることを目的としています。

05 苦しい時間は、あなたが持っている主要な強みを見出すのに役立ちます。

06 あなたの弱点を認めていることが、あなたの強みを減少させることにはならないと信じています。

07 私は、両組織の補完的な強みを活用することを提案します。

08 私たちは新しいモデルを立ち上げる際に、様々なマーケティング手法の独自の強みを活用しています。

09 プロジェクトマネージャーは、チームメンバーの強みを認識する必要があります。

10 内面の強さを養うことは、簡単な行動から始まります。

正解　1. identify　2. leverage　3. enhance　4. illuminate　5. realize　6. diminish

コアイメージ

「強さ／自信」から「（味などの）濃さ」、「（薬の）効力」、「影響力」まで、多くの意味があります。ビジネスにおいては「（製品や会社の）長所／強み」という意味で頻出の単語です。

日本語訳と頭文字をヒントに、より自然な
組み合わせになる英単語を入れてみましょう。

01 Detailed customer feedback helps us i_____ our strengths and rectify our weaknesses.

02 I hope this partnership will allow us to l_____ our core strength in data analytics.

03 This training course provides intensive learning opportunities to e_____ your personal strength.

04 This report aims to i_____ the strengths and weaknesses of the strategies we are discussing.

05 Difficult times help you r_____ the key strengths you have.

06 I believe admitting your weaknesses does not d_____ your strengths.

07 I propose to h_____ the complementary strengths of the two organizations.

08 We e_____ the unique strengths of different marketing techniques in our new model launch.

09 Project Managers are required to r_____ the strengths of their team members.

10 C_____ inner strength begins with simple actions.

7. harness   8. exploit   9. recognize   10. Cultivating   →詳細解説は次頁へ

method 02

◯ 「相性動詞+strength」の組み合わせ

「強みを生かす/頼る」の使い分け　>> PICK-UP!

👌 OK　一般的な言い方

■ **use** strength　強みを生かす

👍 much better　世界を唸らせる言い方

1 harness the strength
（強みを生かす）

2 depend[rely] on the strength（強みに頼る）

3 leverage the strength
（強みを生かす）

1 harness the strengthは「馬を繋いで馬車を引っ張らせて馬の強みを引き出す」ようなイメージがあります。つまり、「本来持つポテンシャルを引き出すためにそれをコントロールすることで、力をうまく利用する」イメージです。harness the sun's energyというようにも使われますが、これも太陽光が勝手に力を発揮するのではなく、太陽光をコントロールすることでその力を他に生かすことができます。

2 depend onやrely onは日常会話でも頻出です。どちらも「それがないとうまくやっていけない」含みを持ちます。

3 leverageは「てこの作用」という意味で名詞で使われることも多いですが、動詞として、「何かの力を利用する」という意味になり、「技術や強みなどを生かす」という意味で使われることも多くあります。
他の表現
　■ **ride on** the strength　生かす　　■ **exploit** the strength　活用する
exploitは通常ネガティブな意味ですが「短文スピーキング」08のように時にニュートラルな意味にもなります。

強みを伸ばす

- **increase** strength　増す
- **develop** strength　伸ばす
- **cultivate** strength　養う
- **enhance** strength　高める

強みを見つける

- **recognize** strength　認識する
- **realize** strength　自覚する
- **identify** strength　見極める／特定する
- **know** strength　知る
- **find** strength **in**　(〜において強みを)見つける
- **take** strength **in**　(〜において強みを)獲得する
- **illuminate** strength　明らかにする

illuminateは原義が「光を当てて照らす」です。そこから転じて「(問題や強みを)解明する／明らかにする」という意味で使われるようになりました。

others

- **diminish** strength　台なしにする
- **lose** strength　失う
- **show** strength　見せる／披露する

○「相性形容詞+strength」の組み合わせ

- **key** strength　主な強み
- **core** strength　核となる強み
- **tremendous** strength　素晴らしい強み
- **prodigious** strength　驚異的な強み
- **inner** strength　内面的な強み
- **personal** strength　個人的な強み
- **unique** strength　独自の強み
- **complementary** strength　補完的な強み

method 03

○ 長文スピーキング

> これまでに紹介してきた相性動詞・形容詞を使った
> 文章や会話をスピーキング練習しよう。

スピーチ

Thank you for coming on such a short notice. We just received a new investment opportunity, and I wanted to discuss this with you before we proceed. Raybyt Inc. is a start-up company in the small town of Federwood just 10 miles west of here. Their **key strength** is in building virtual reality devices with the best image quality I have seen to date. They are asking for a 10-million-dollar investment. I know that we can **leverage our strength** as one of the most established venture capitalist firms in the valley and ask for 20 or even 30% of the company for the same or a slightly larger investment.

訳

このような突然のお知らせにもかかわらず、お越しいただきありがとうございます。私たちはちょうど新しい投資のチャンスを得まして、これを進める前に話し合いたいと思いました。Raybyt Inc.は、弊社からわずか10マイル西のFederwoodという小さな町で創設したばかりの企業です。彼らの主な強みは、私が今までに見た中で最高の画質でバーチャル・リアリティ装置を構築している点です。彼らは1,000万ドルの投資を求めています。弊社はこの地域で、最も確立されたベンチャーキャピタル企業の1つとして強みを発揮し、同等もしくはわずかに大きな投資額で会社の20%または30%の取得を求めることができることを信じています。

会話

A: Great job out there today!
B: Thanks, Quinn.
A: You really **showed your strengths** as an engineer and presented a beautiful product.
B: Thank you, but I have to admit that before the presentation I was very nervous. This was by far the largest audience I ever had to present in front of. I was fumbling my cards and my hands were so sweaty.
A: You didn't seem nervous at all, and you did great!

訳

A: 今日は素晴らしい仕事だったよ!
B: ありがとう、Quinn。
A: エンジニアとしての強みを披露し、素晴らしい製品を発表しました。
B: ありがとうございます。しかしプレゼンテーションの前はとても緊張していたことを認めなければなりません。これは、私が今までに発表したことのない人数の聴衆でした。私は手探り状態でしたし、とても手汗をかいていました。
A: あなたは全く緊張しているようには見えなく、またとても素晴らしかったです!

No.41 | Company

method 01 | method 04 | 2-46

○ 短文スピーキング

01 弊社を米国に移転するための堅実な事業計画が必要です。

02 いくつかの投資家が、5,000億円の資本注入でその企業を救済した。

03 Kellyは評判の良い会社を離れ、新しい機会を模索しています。

04 最近、私はラオスに会社を設立しました。

05 田中氏は、医療機器を商品化する会社を設立しました。

06 Brown氏は、同社をインドに拡大しました。

07 私は有望な会社に加わることを決めました。

08 資金繰りが苦しい会社を簡単に導くことは決してありません。

09 彼は医療会社を立ち上げました。

10 同社は、市場に参入するために地元企業を買収することに取り組んでいます。

正解　1. relocate　2. bailed　3. left　4. incorporated　5. founded　6. expanded

コアイメージ

companyは原義が「仲間」で、「会社」という意味では一番一般的です。corporationは「法人」。firmは、弁護士など専門性の高いプロ集団の会社に対して言うことが多いです。

日本語訳と頭文字をヒントに、より自然な組み合わせになる英単語を入れてみましょう。

01 We need a solid business plan to r_____ our company to the USA.

02 Several investors b_____ out the company with a 500 billion yen capital injection.

03 Kelly has l_____ the reputable company to explore new opportunities.

04 Recently, I i_____ a company in Laos.

05 Mr. Tanaka has f_____ a company to commercialize a medical device.

06 Mr. Brown has e_____ his company into India.

07 I have decided to j_____ an up-and-coming company.

08 In no way is l_____ a cash-strapped company easy.

09 He has l_____ a healthcare company.

10 The company is working on a_____ local companies to enter the market.

7. join　8. leading　9. launched　10. acquiring　　→詳細解説は次頁へ

method 02

「相性動詞＋company」の組み合わせ

「会社を経営する」の使い分け >> PICK-UP!

OK 一般的な言い方

- **run** a company　会社を経営する
- **own** a company　会社を所有する

much better 世界を唸らせる言い方

1 administer a company
（会社を運営する）

2 manage a company
（会社を経営する）

3 lead a company
（会社を動かす／導く）

run a companyはビジネスの現場でよく見られる表現で、「会社を操縦する」といったイメージを与えます。own a companyは「所有していること」しか表現できず、実際に運営しているかどうかはニュアンスに含まれません。

1　administer a companyは「会社がうまく機能するように運営を管理する」イメージ。英検準1級以上でも頻出です。(例：We hired an accounting services firm to set up and administer the company.)

2　manage a companyは「会社をコントロールすることの責任を負う」ことがニュアンスに含まれます。(例：There are many software programs to help you manage a company efficiently.)

3　lead a companyはまさにleaderからイメージできると思います。「会社を目標に向かって引っ張って行く」ニュアンスが加わります。

会社を設立する

- **create** a company　設立する
- **establish** a company　設立する
- **form** a company　立ち上げる
- **found** a company　起こす／設立する
- **incorporate** a company　法人組織にする
- **launch** a company　立ち上げる

foundとestablishは似ていますが、establishはfoundを含み、より永続性が含意されてきます。社名でよく見るInc.は、incorporatedの略です。

会社を買収する

- **buy** a company　買収する
- **acquire** a company　取得する／買収する

両者は似ていますが、acquireには「長期間努力して獲得する」含みがあり、会計上公式に取得したニュアンスも入ります。

others

- **liquidate** a company　解体する
- **remake** a company　立て直す
- **leave** a company　辞める
- **join** a company　加わる
- **bring** a company back　よみがえらせる
- **expand** a company　発展させる／拡大する
- **shrink** a company　縮小する
- **relocate** a company　移転する
- **bail out** a company　救い出す

bailは元々「保釈」というかたい単語です。bail outにすると「(窮地から)救い出す／解放する」という用法になります。

○「相性形容詞＋company」の組み合わせ

- **reputable** company　評判の良い会社
- **up-and-coming** company　将来有望な会社
- **non-viable** company　生き残れない会社
- **cash-strapped** company　資金繰りの苦しい会社

method 03　2-47,48

○ 長文スピーキング

> これまでに紹介してきた相性動詞・形容詞を使った
> 文章や会話をスピーキング練習しよう。

スピーチ

Hello Rita, as you were not able to attend the board meeting yesterday, I would like to provide you with an update. As you know, the company hasn't been performing well for the past two years. Ever since Gregerson Ltd. took a significant portion of our market share, we have struggled. Our efforts to appeal to a new demographic have also been unsuccessful. Therefore, the board has decided to **liquidate the company**. The assets will be distributed proportionally among the shareholders, and the top managers will receive a generous severance package.
Thank you for your contribution,
Gabe Simmons, Board Chair.

訳

こんにちは、Rita、あなたが昨日の理事会に出席できなかったため、最新の情報を提供したいと思います。ご存知のように、会社はこの2年間うまく機能していません。Gregerson Ltd.が市場シェアの大部分を占めて以来、私たちは苦労してきました。新しいターゲット層にアピールする努力も失敗しました。したがって、取締役会は会社を解体することを決定しました。資産は株主に比率に応じて配分され、トップマネージャーは大きな退職金を受け取ります。あなたの貢献に感謝します。
Gabe Simmons、ボードチェア。

会話

A: Craig, did you watch the news last night?
B: I did, and I am outraged at the government's decision to **bail out IIC- a non-viable company**.
A: I was surprised and infuriated as well. That's $4 billion of our tax money!
B: Money that can be used to improve education and raise the minimum wage, which hasn't been increased in eight years.
A: Unfortunately, the education and workers' rights groups are not as powerful in Washington as the big corporations.
B: That's true. Yet again, the voice of the majority is drowned by the few in power.

訳

A: Craig、昨夜のニュースを見ましたか？
B: 見ました、経営状態が悪いIICを救済するという政府の決定に私は憤慨しています。
A: 私も驚いて怒りも感じました。私たちの税金は40億ドルですよ！
B: そのお金は、教育の改善や8年間で上がっていない最低賃金を引き上げるために使用できる資金ですよね。
A: 残念ながら、ワシントンでは大企業ほど教育と労働者の権利グループが強力ではありません。
B: 確かにそうですね。さらに、大多数の声は少数の権力者に溺れてしまいます。

method 01　method 04　 2-49

No.42　Opportunity

○ 短文スピーキング

01 私たちは、地域社会に有意義な貢献をするための十分な機会を求めていきます。

02 多くの企業が、海外で事業を拡大する機会を手にしてきました。

03 私たちは、必要がある人々を助けるより広い機会を生み出すために、海外に目を向ける必要があります。

04 彼らが斬新なことをする機会を逃した理由を知っていますか？

05 私たちは現在、ビジネスチャンスを長期的に探そうとしています。

06 政府は、男女の雇用機会を平等にするために全力を尽くすべきである。

07 私たちは、学生が能力を発揮するための十分な機会を与えるために最善を尽くしています。

08 私は、この役職のための面接の機会に非常に感謝します。

09 この経験は、より高い目標を達成する素晴らしい機会です。

10 またとない成長の機会を逃してはいけません。

正解　1. pursue　2. grabbed　3. generate　4. blew　5. explore　6. equalize

> **コアイメージ**
>
> 元々はラテン語で「好機」というポジティブな原義を持つ単語です。類語にchanceがありますが、一般的にはchanceのほうが「偶然性」が高いです。

> 日本語訳と頭文字をヒントに、より自然な
> 組み合わせになる英単語を入れてみましょう。

01 We will p_____ ample opportunities to make meaningful contributions to our communities.

02 Many companies have g_____ the opportunity to expand their businesses abroad.

03 We need to look overseas to g_____ wider opportunities to help those in need.

04 Do you know why they b_____ the opportunity to do something radical?

05 We are now trying to e_____ business opportunities on a long-term basis.

06 The government should make all efforts to e_____ career opportunities for men and women.

07 We try our best to a_____ adequate opportunities for students to demonstrate the student competencies.

08 I greatly a_____ the opportunity to interview for the position.

09 This experience is an incredible opportunity to a_____ higher goals.

10 Don't m_____ this unparalleled opportunity for growth.

7. afford   8. appreciate   9. achieve   10. miss   →詳細解説は次頁へ

method 02

○「相性動詞＋opportunity」の組み合わせ

「機会を得る」の使い分け >> **PICK-UP!**

👌 OK 一般的な言い方

■ **have** an opportunity　機会を得ている

👍 much better 世界を唸らせる言い方

1 **capture** an opportunity
（機会を得る／掴む）

2 **grab** an opportunity
（機会を捉える／手にする）

3 **exploit** an opportunity
（機会を利用する）

haveは単純に「機会を得ている状態」を表すだけなので、他の動詞を使ってよりいきいきとした表現を手に入れましょう。

1　captureはcapture a wild animalに見られるように、機会を得ることへの「アグレッシブさ」が伝わってきます。「掴み取りにいく」ようなイメージですね。

2　grabはcaptureに比べてアグレッシブさはありませんが、「目の前にやってきたチャンスをがっちりと掴み取る」という感覚です。gotにすると「まだ機会を手にしていないが、そうすることが求められる」という違った意味になりますので短文スピーキング02はgrabbedのみが入ることになります。

3　exploitは、「経済的利益を得るために」といったニュアンスが含まれるので、「つけこむ／搾取する」といったネガティブイメージを帯びています。

機会を提供する

- **give** an opportunity　提供する
- **provide** an opportunity　提供する
- **offer** an opportunity　提供する
- **bring** an opportunity　もたらす
- **afford** an opportunity　与える

give/provide/offerの主語は「人」や「状況」がきます。例えば、My boss offered me an opportunity to move to India.（主語は人）や、Negotiations over the budget give us an opportunity to reflect on our priorities.（主語は状況）。
一方でbringとaffordの主語は「人」ではなく、「状況」が入ることが一般的です。例えば、This situation affords us the opportunity to reflect on our conduct.（主語は状況）。

機会を逃す

- **blow** an opportunity　逃す／台なしにする
- **miss** an opportunity　逃す
- **lose** an opportunity　逃す

blowが一番強い語感を持ちます。「吹き飛ばす」という意味があるので「重要な機会を逃した」という事の重さが伝わる表現です。

others

- **generate** an opportunity　生み出す
- **pursue** an opportunity　求める
- **appreciate** an opportunity　感謝する
- **equalize** an opportunity　均等にする／平等にする
- **decrease** an opportunity for　（〜する(の)機会を）減らす
- **enhance** an opportunity to　（〜する(の)機会を）高める
- **explore** an opportunity　探す／検討する
- **eliminate** an opportunity　なくす
- **achieve** an opportunity　達成する

○「相性形容詞+opportunity」の組み合わせ

- **unparalleled** opportunity　類いまれな機会
- **incredible** opportunity　信じられない機会
- **ample** opportunity　十分な機会
- **adequate** opportunity　十分な機会
- **wide** opportunity　広い機会

長文スピーキング

method 03　2-50, 51

これまでに紹介してきた相性動詞・形容詞を使った
文章や会話をスピーキング練習しよう。

スピーチ

Hi Stan,
I recently came across a powerful piece of information. I spoke with a CEO of Freyo yesterday, and she informed me that the company is looking for a buyer. The company has been doing really well and was planning to go public, but now Kaitlyn is looking for an attractive offer. I believe that we should **grab this incredible opportunity**.
I would like to schedule a call to discuss this matter further.
Please have your secretary get in touch with Peggy, and they will sort out the details to **pursue this opportunity** further.
Sammy Gibson

訳

こんにちは、Stan、
私は最近、強力な情報を見つけました。私はFreyoのCEOと昨日話をしました。彼女は会社が買い手を探していることを教えてくれました。会社はとても好調で、株式公開する予定ですが、Kaitlynは魅力的なオファーを探しているようです。私はそのような素晴らしい機会を掴み取るべきだと考えています。私は、この議題についてさらに議論するための電話を予定したいと思います。あなたの秘書にPeggyと連絡を取ってもらうようにしてください。彼らが、さらなる機会を求めるための詳細をつめてくれます。
Sammy Gibson

会話

A: What are you doing, Xenia?

B: I am looking at the latest Bitcoin index. It's unbelievable how much the cryptocurrency rose in the past month.

A: Not adding an option to use Bitcoin in our online store until last week has been a bad move.

B: Agreed. I feel like I **blew an opportunity** by not investing in Bitcoin when it first came out.

A: Don't blame yourself, Xenia. Everyone was very skeptical at the beginning.

B: True, but now we have been proven wrong!

訳

A: 何してるの? Xenia?

B: 最新のBitcoinの指標を見ています。過去1ヵ月でこれだけの暗号通貨が上昇しているのは信じられません。

A: 先週まで、私たちのオンラインストアでBitcoinを使用するためのオプションを追加していなかったことはよくなかったですね。

B: 本当ですね。Bitcoinが最初に出た時に投資しなかったことでチャンスを吹き飛ばしたような気がします。

A: 自分を責めないでください、Xenia。誰もが最初は非常に懐疑的でした。

B: そうですが、今、私たちが間違っていたことが証明されましたね!

No.43 | Target

method 01 | method 04 | 2-52

○ 短文スピーキング

01 売上目標を達成することが、私たちのチームの最も重要な目標です。

02 英国はヨーロッパの多くの外国人投資家にとって最大のターゲット市場です。

03 今月の収益目標を上回ると見込んでいます。

04 達成可能な目標を設定することによって、あなたのチームは動機づけられます。

05 私が売上目標を達成すれば、昇給されます。

06 年間目標を30%超えたところです。

07 私たちはファンドレイジングにおける最初の目標を達成しました。

08 最も難しいターゲットグループの1つは10代です。

09 当社の生産は予算目標を下回りました。

10 最高責任者は5年前の性能目標を達成できなかった。

正解　1. Achieving　2. largest　3. exceed　4. Setting　5. sales　6. annual

> **コアイメージ**
>
> goalやobjectiveと比べて、より「具体的な目標」を示す言葉がtargetです。よってしばしば具体的な数字を伴って使われることにも着目してみてください。

日本語訳と頭文字をヒントに、より自然な組み合わせになる英単語を入れてみましょう。

01 A_____ the sales target is the primary goal of our team.

02 The UK is the l_____ target market for many foreign investors in Europe.

03 We expect to e_____ the revenue target for this month.

04 S_____ achievable targets will motivate your team.

05 If I meet my s_____ target, I'll get a raise.

06 The a_____ targets have been exceeded by 30%.

07 We have r_____ our first target for fundraising.

08 One of the most d_____ target groups is teenagers.

09 Our production was below the p_____ target.

10 The chief executive m_____ a performance target set five years ago.

7. reached   8. demanding   9. projected   10. missed   →詳細解説は次頁へ

279

method 02

○「相性動詞＋target」の組み合わせ

「目標を達成する」の使い分け　>> **PICK-UP!**

OK　一般的な言い方

■ **achieve** a target　目標を達成する

much better　世界を唸らせる言い方

1 reach a target　　　**2 meet** a target　　　**3 hit** a target
（目標を達成する）　　（目標を達成する）　　（目標を達成する）

　　achieveは「大きな努力が伴ったうえで目標を達成した」ことを意味に含むので、その「過程」にもスポットが当たります。一方で、meetやhitがフォーカスするのは単純にその「結果」です。

1 reachは、meetやhitよりもachieveに近いです。「努力の結果、目標を達成する」というニュアンスがあります。

2 meetは「満たす」という意味がベースとなっているので、hitよりもさらに「より単純に目標を達成した」という「結果」に重点が置かれています。

3 hit a targetは射撃や軍事的な文脈で使われることが多く、その場合は「標的」という意味になるため、ビジネスの文脈においても「ピンポイントな目標を達成する」時に使うと効果的。まさに「狙ったものに的中する」といったイメージです。

目標を定める

- **set** a target　定める
- **establish** a target　設定する

others

- **exceed** a target　超える
- **aim for** a target　向かう
- **miss** a target　下回る
- **increase** a target　上方修正する
- **lower** a target　下方修正する

◯「相性形容詞＋target」の組み合わせ

ポジティブ	ネガティブ
achievable target　達成可能な目標	unachievable target　達成できない目標
realistic target　現実的な目標	unrealistic target　非現実的な目標
modest target　控えめな目標	demanding target　厳しい目標
high target　高い目標	low target　低い目標

主な目標

- **key** target　主な目標
- **main** target　主な目標
- **primary** target　最も重要な目標

primaryというのは「何よりも重要である」という意味であるため、この中では一番強いニュアンスを持っています。

others

- **annual** target　年間目標
- **first** target　最初の目標
- **projected** target　予算目標
- **sales** target　売上目標
- **growth** target　成長目標
- **performance** target　性能目標

長文スピーキング

method 03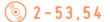

これまでに紹介してきた相性動詞・形容詞を使った
文章や会話をスピーキング練習しよう。

スピーチ

Hello there. Welcome to the webinar on **growth targets**. In the next hour, you are going to learn how to **set and meet growth targets**. This webinar will teach you how to create concrete goals to increase your company's revenue, and it will show you proven techniques on how to achieve those goals. By the end of this interactive lecture series, you will be able to identify potential areas for growth within your own business, **set growth targets**, and design your own step-by-step plan for how to take your company to the next level. So, let's get started!

訳

こんにちは。成長目標に関するウェビナーへようこそ。次の1時間で、成長目標を設定し、それを達成する方法を学びます。このウェビナーでは、会社の収入を増やすための具体的な目標を作成する方法を学ぶことができ、その目標を達成するための実績ある手法も紹介します。これらの相互的な講義シリーズの終わりには、あなたのビジネスにおける成長の可能性を特定し、成長目標を設定し、あなたの会社を次のレベルに引き上げる方法を段階的に計画することができます。だから、始めましょう!

会話

A: Jamie, I have been looking for you. Your team has not **met the sales target** this week.
B: Sorry, I was out to lunch. Yes, despite our best efforts we have not been able to **meet our sales targets** this week. How would you suggest we can improve?
A: Let's have a meeting on Monday to **set a realistic sales target** based on the current market situation.
B: That sounds great. I will inform the members of my team. What time should we meet?
A: Let's do 9am. My secretary will check if the conference room is available and will notify you.
B: Perfect. Thank you. See you first thing on Monday morning.

訳

A: Jamie、君を探していたよ。君のチームは今週、販売目標を達成していないね。
B: すみません。昼食に出ていました。はい、私たちの最善の努力にもかかわらず、今週の販売目標を達成することができませんでした。何か良い改善策はないでしょうか？
A: 月曜日に、現在の市場状況に基づいて、現実的な販売目標を設定するための会議を開こう。
B: それはいいですね。チームのメンバーに知らせます。何時に会いましょうか？
A: 午前9時にしよう。秘書が会議室が利用可能かどうかを確認して、君に知らせるよ。
B: 完璧です。ありがとうございます。月曜日の午前、出社してすぐに会いましょう。

No.44 Budget

method 01 | method 04 | 2-55

○ 短文スピーキング

01 今度の水曜日に開催される会議で、年間予算を承認する予定です。

02 この四半期の売上高は10%減少したため、予算を削減することを余儀なくされています。

03 大規模な支出を見直し、次年度の予算を再構築する必要があります。

04 昨年と同じチームが予算の起草を担当します。

05 会社は、改装工事や建設プロジェクトの予算を削減することを余儀なくされている。

06 毎年、私たちは予算を削減するために支出を最小限に抑えたいことを皆に思い出してもらいたい。

07 事業は赤字で実行されており、予算の見直しが求められています。

08 私たちは予期せぬ支出に備えるために、大きな予算を用意しています。

09 店舗が予算超過を止めることができなければ、店舗は強制的に閉鎖されます。

10 当社の会計士はクイックブックスに熟練しており、予算のバランスをとることができます。

正解　1. approve　2. slash　3. redo　4. drafting　5. curtail　6. trim

コアイメージ

budgetには「革の袋」、「財布」という原義があります。文字通り、財布に入っているお金が使えるお金である「予算」ということです。

> 日本語訳と頭文字をヒントに、より自然な組み合わせになる英単語を入れてみましょう。

01 There is going to be a meeting held next Wednesday to a_____ an annual budget.

02 Due to 10% revenue decrease this past quarter, we are forced to s_____ the budget.

03 We have to take a fresh look at the major expenditures and r_____ the budget for the next fiscal year.

04 The same team as last year will be responsible for d_____ a budget.

05 The company is forced to c_____ the budget for renovation and construction projects.

06 May I remind everyone that every year we are looking to minimize expenditures to t_____ the budget?

07 The business has been running at a deficit, and we have to r_____ our budget.

08 We are looking to s_____ aside a large budget to prepare for unexpected expenditures.

09 If the store will not stop o_____ the budget, it will be forced to close.

10 Our accountants are skilled in QuickBooks and can b_____ a budget.

7. remake   8. set   9. overspending   10. balance   →詳細解説は次頁へ

method 02

「相性動詞＋budget」の組み合わせ

「予算を作成する／編成する」の使い分け >> **PICK-UP!**

👉 OK 一般的な言い方

- **prepare** a budget　予算を作成する／準備する
- **create** a budget　予算を作成する

👍 much better 世界を唸らせる言い方

1 set aside a budget
（予算を用意する）

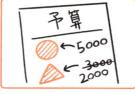

2 draft[draw up] a budget
（予算を作成する）

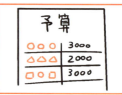

3 work out a budget
（予算を編成する）

1 set aside a budgetはprepareやcreateと違い、「短文スピーキング」08に見られるように「今ある予算の一部を何か特定のものへ割り振って予算を確保する」時に使います。

2 draftという動詞は、「何かを最初から作る」というニュアンスを持っていて、名詞形のfirst draft（原案、初稿）からもイメージしやすいかと思います。だから、draft a budgetは様々な要素を初めて組み合わせて予算を作成するイメージがあります。また、あくまでも「ラフの作成」に焦点が当たっている点にも注意してください。
draw up a budgetはdraft a budgetとほぼ同義で、「一から作っていく」と捉えておきましょう。

3 work out a budgetは他の動詞と比べると「より詳細な内容で予算を編成する」ニュアンスで使われます。

予算を調整する

- **adjust** a budget　調整する
- **put together** a budget　編成する
- **redo** a budget　再構築する
- **remake** a budget　見直す
- **balance** a budget　バランスをとる

予算を減らす

- **reduce** a budget　減らす
- **cut** a budget　削減する
- **downsize** a budget　縮小する
- **curtail** a budget　削減する
- **trim** a budget　削減する／切りつめる
- **slash** a budget　削減する／大幅に削減する

curtailは元々「縮めた」という原義があり、そこから「削減する」という意味で使われるようになりました。slashはナイフでカットするイメージで、新聞記事で好んで使われます。

予算を超える

- **exceed** a budget　超える
- **go over** a budget　超過する
- **overspend** a budget　超過する

others

- **approve** a budget　可決する／承認する
- **allocate** a budget　（予算の）配分を行う
- **acquire** a budget　獲得する

○「相性形容詞＋budget」の組み合わせ

ポジティブ	ネガティブ
sufficient budget　十分な予算	shoestring budget　わずかな予算
substantial budget　十分な予算	humble budget　控えめな予算
large[big] budget　大きな予算	small budget　小さな予算

method 03　長文スピーキング

> これまでに紹介してきた相性動詞・形容詞を使った
> 文章や会話をスピーキング練習しよう。

スピーチ

Dear team, I regret to inform you that the project of building the new company headquarters must be temporarily put on hold as we have been unable to secure **sufficient budget** to continue this year. The architecture team has done a marvelous job designing the new company headquarters building. However, we are unable to start construction due to the **small budget we were allocated**. Linda, I ask you to halt all contractor search efforts as we will not be needing any building services in the near future. The plot of land that we have purchased will remain vacant until we are able to **acquire a budget** again to continue the project.

訳

皆さん、今年も継続するには十分な予算を確保できないため、新社本部を建設するプロジェクトは一時的に凍結する必要があることを謝罪します。建築チームは新しい本社ビルを設計する素晴らしい仕事をしましたが、資金不足のために建設を開始することはできません。Linda、直近では建設サービスは必要ないので、すべての請負業者の策定作業を中止してください。私たちが購入した一区画の土地は、プロジェクトを続けるために十分な資金を得ることができるまで、空きのままです。

会話

A: Hi, Jordan. Did you hear the terrible news?
B: No, what happened?
A: The higher-ups are **slashing the budget** this year.
B: Not again! What happened this time?
A: The company's rebranding efforts have been unsuccessful, and they are rapidly losing market share and looking to **downsize the budget** to keep the company afloat a while longer.
B: Looks like we have another round of layoffs ahead of us.
A: Indeed. No one is safe, but I hope people who have been with the company longer are kept on board.
B: Me too.

訳

A: こんにちは、Jordan。ひどいニュースについて聞いた?
B: いいえ、何が起こったのですか?
A: 今年、上層部が予算を大幅に削減します。
B: また!? 今回は何が起こったのですか?
A: 会社のブランド改革は成功しておらず、急速にマーケットシェアを失っているので、コストを削減して、より長く企業を維持することを狙っています。
B: 私たちの目の前で、もう一度レイオフがあるようです。
A: 確かに。誰も安全ではありませんが、会社に長く在籍してきた人たちが安全であることを願います。
B: 私もだよ。

No.45　Impression

○ 短文スピーキング

01 彼がすでに作った否定的な印象を払拭するのは難しいです。

02 志願者があなたの会社について最高の印象を抱くことを保証できると、我々は自負しています。

03 出席者全員にあなたの能力を印象づけるよう、試みてください。

04 あなたのプレゼンテーションの最初の数秒により、良い印象が固まりました。

05 これらのシステムは、顧客が抱く会社の印象を形成するうえで重要です。

06 新しいリーダーは、前職が残した負の印象を消すために長年努力してきました。

07 これは明確な印象を与える最善の方法です。

08 広告は消費者に誤解を招くような印象を与えてはなりません。

09 それらの経験は、ぬぐい去れない印象を残しました。

10 彼のスピーチは、私たちに製品の歪んだ印象を与えた。

正解　1. dispel　2. receive　3. bolster　4. solidified　5. shaping　6. erase

> **コアイメージ**
>
> feelingは対象に対する「感情的な感覚」を表すのに対し、impressionは「視覚的なイメージ」も追加されます。

> 日本語訳と頭文字をヒントに、より自然な
> 組み合わせになる英単語を入れてみましょう。

01 It's hard to d_____ the negative impression that he has already made.

02 We take pride in ensuring candidates r_____ the best impression of your company.

03 Try to b_____ the impression of your competence for everyone in attendance.

04 The first few seconds of your presentation s_____ a favorable impression.

05 These systems are important in s_____ a customer's impression of the company.

06 The new leader has spent many years striving to e_____ the negative impression left by the previous leader.

07 This is the best way to m_____ a distinct impression.

08 Adverts must not c_____ a misleading impression on our consumers.

09 Those experiences have l_____ an indelible impression.

10 His speech f_____ a distorted impression of their product on us.

7. make　8. create　9. left　10. formed　　→詳細解説は次頁へ

method 02

「相性動詞＋impression」の組み合わせ

「印象を与える」の使い分け >> PICK-UP!

OK　一般的な言い方

- **make** an impression　印象を与える
- **give** an impression　印象を与える
- **leave** an impression　印象を残す

much better　世界を唸らせる言い方

1 convey an impression
（印象を与える）

2 provide[give off] the impression
（印象を与える）

3 create[generate] an impression
（印象を与える）

1 convey an impressionは、主語に人の行動や態度がきます（例：His resume conveys an impression of laziness.）。

2 give off the impressionは同じような意味で使われますが、よりカジュアルなのであらたまった会議などではあまり使われません。似た言い回しだとprovideを使うとフォーマルになります。またmake/leaveはたいてい、ポジティブな印象を残す時に使われますが、give offはどちらの文脈でもOKです。

3 create an impressionは積極的なイメージを与えます。ただし、create an impressionは「印象を与える」という意味のほかに「印象を作り出す」という意味でも使われるので注意してください！generate an impressionはcreate an impressionと同義です。

他の表現
- **shape** the impression　形成する／形作る
- **form** the impression　与える／形作る

印象を強める

- **strengthen** the impression　強める
- **reinforce** the impression　強める
- **bolster** the impression　強める／増す
- **further** the impression　助長する
- **foster** the impression　呼び起こす
- **solidify** the impression　固める／固定化させる

bolsterは「長まくら／支え」から派生して「強める／支持する」という意味が生まれました。solidifyは形容詞のsolid（固体の）が名詞化したものです。

印象を受ける

- **get** the impression　受ける
- **have** the impression　持つ
- **receive** the impression　受ける

印象を払拭する

- **correct** the impression　訂正する
- **neutralize** the impression　中和させる
- **dispel** the impression　払拭する
- **erase** the impression　ぬぐい去る

correctが一番強いニュアンスでeraseにいくほど弱くなります。

others

- **ignore** the impression　無視する
- **describe** the impression　述べる
- **explain** the impression　説明する

○「相性形容詞＋impression」の組み合わせ

ポジティブ	ネガティブ
distinct impression　明確な印象	poor impression　悪い印象
strong impression　強い印象	negative impression　否定的な印象
overwhelming impression　圧倒的な印象	distorted impression　歪んだ印象
favorable impression　良い印象	misleading impression　誤解を招く印象
lasting impression　強い印象	indelible impression　ぬぐい去れない印象
splendid impression　見事な印象	wrong impression　間違った印象
	inaccurate impression　誤った印象／間違った印象

method 03 2-59, 60

長文スピーキング

これまでに紹介してきた相性動詞・形容詞を使った
文章や会話をスピーキング練習しよう。

スピーチ

Hello everyone. I would like to introduce-Tracy, the newest member of our Outreach team. Tracy was one of my first interviewees for the position. She **made a strong first impression**, and that's why she is here today. Tracy came all the way from Seattle and has over 5 years' experience in the industry. This is her first day, so please show her around and **give her a good impression** of our workplace. We are very excited to have you, Tracy, and thank you for joining us.

訳

皆さん、こんにちは。私はアウトリーチチームの最新メンバーTracyを紹介したいと思います。Tracyはこのポジションのための私の最初の面接者の1人であり、彼女は強い印象を与えたので、今日ここにいます。Tracyはシアトルからやって来て、業界で5年以上の経験を持っています。彼女の初日ですので、色々なものを案内して、職場に良い印象を持ってもらうようにしてください。Tracy、私たちはあなたを迎え入れることができて嬉しく思っていますし、私たちに加わってくれてありがとう。

会話

A: Oh, I am surprised to see Gina is still around.
B: How come?
A: I was **under the impression** that she got transferred to our San Francisco office, since they are short staffed.
B: Oh yeah, because Mindy took maternity leave.
A: Exactly!
B: But I heard that Paul is scheduled to replace Mindy starting next week.
A: Ah, I see. Looks like I **had an inaccurate impression**.
B: That's okay. I didn't even know till this morning when I talked to Paul. He said he is excited for the move and is looking forward to exploring San Francisco in the summer.

訳

A: ああ、Ginaがまだここにいるのを目にして驚いています。
B: どうして？
A: スタッフが不足しているので、彼女はサンフランシスコのオフィスに移ったという印象を受けていました。
B: ああ、Mindyは産休を取ったから。
A: その通り！
B: しかし、Paulが来週からMindyに代わる予定だと聞いたよ。
A: あ、そうです。私は全く誤った印象を受けていたようですね。
B: 大丈夫。私も今朝Paulと話をするまでは知らなかった。彼はその異動にワクワクしていて、夏にサンフランシスコを探索することを楽しみにしていると言っていたよ。

No.46 | Proposal

method 01 | method 04 | 2-61

○ 短文スピーキング

01 マネージャーは、デザイン会社からもう5つの提案を求めています。

02 あなたは、提案書を提出してプレゼンテーションすることが求められています。

03 Brown氏は、次の火曜日により詳細な提案を説明する予定です。

04 主な目的は、Hughes氏との共同研究提案を練ることです。

05 Hannahは、すべてのマイナーからメジャーな詳細を説明した包括的な提案を作成しました。

06 一度提出された提案書を却下することはできません。

07 このウィンウィンの提案を非難する余地はない。

08 いつ提案書を完成させることができますか？

09 現在の問題に対処するために、私たちのチームは妥協案を作成しました。

10 あなたの提案を検討する時間をもう少しもらえますか？

正解　1. solicit　2. put　3. outline　4. elaborate　5. compiled　6. withdraw

> **コアイメージ**
>
> ラテン語の「見せる／公表する」を原義に持つproposal。社内のプレゼンなど日常的で小さな「提案」から、大きな社外プロジェクトの「提案」まで、ビジネスシーンで多用されます。

> 日本語訳と頭文字をヒントに、より自然な組み合わせになる英単語を入れてみましょう。

01 The manager is looking to s_____ five more proposals from design firms.

02 You are required to p_____ forward a written proposal and make a presentation.

03 Ms. Brown will o_____ a more detailed proposal next Tuesday.

04 The main objective is to e_____ a joint research proposal with Mr. Hughes.

05 Hannah has c_____ a comprehensive proposal outlining every minor to major detail.

06 No proposer will be permitted to w_____ the written proposal once submitted.

07 There is no room to d_____ this win-win proposal.

08 When can you f_____ the proposal?

09 To deal with the current issue, our team d_____ up a compromise proposal.

10 Can you give me more time to e_____ your proposal?

7. denounce　8. finalize　9. drew　10. examine　　→詳細解説は次頁へ

297

method 02
○「相性動詞＋proposal」の組み合わせ

「提案する」の使い分け >> PICK-UP!

OK　一般的な言い方

- **make** a proposal　提案する

much better　世界を唸らせる言い方

1 present a proposal
（提案を発表する）

2 submit a proposal
（提案を提出する）

3 put forward[bring forward] a proposal
（提案を提示する）

1, 2 present a proposalはpresentationから想起できるように「口頭で」提案することが、submit a proposalは「書面で」提案することが前提となる表現です。presentは「かっちりと何かを示す」イメージです。

3 put forwardとbring forwardはforwardが含まれているので「前面に出す」力強いニュアンスが含まれます。put forward a plan[theory/suggestion]のように基本的に、検討してもらうために物事を進める時に使います。

提案を認める

- **accept** a proposal　承諾する
- **approve** a proposal　承認する
- **adopt** a proposal　採択する
- **move ahead on** a proposal　推進する
- **implement** a proposal　実施する

提案をまとめる

- **finalize** a proposal　まとめる／完成させる
- **compile** a proposal　まとめる／収集する
- **formalize** a proposal　提案を正式なものにする
- **create** a proposal　まとめる／作成する

compileは元々「資料を編集する」という意味なので、そこから「まとめる」と捉えられます。

提案を作成する／説明する

- **outline** a proposal　(提案の)概略を述べる
- **elaborate** a proposal　練る／詳細を説明する

elaborateは苦労して練り上げるイメージです。いずれも作成して説明をするという意味を含んでいます。

others

- **draw up** a proposal　立案する
- **defend** a proposal　擁護する
- **solicit** a proposal　求める
- **examine** a proposal　検討する
- **denounce** a proposal　非難する
- **withdraw** a proposal　撤回する

solicitの原義は「不安になる」。「不安になる→懇願する」と連想すれば理解しやすいはずです。

○「相性形容詞＋proposal」の組み合わせ

- **compromise** proposal　妥協案
- **detailed** proposal　詳細な提案
- **comprehensive** proposal　包括的提案
- **win-win** proposal　ウィンウィンの提案

長文スピーキング

これまでに紹介してきた相性動詞・形容詞を使った文章や会話をスピーキング練習しよう。

スピーチ

Hello Ray, I would like to provide a status update, per your request yesterday. Last week we discussed contacting a new prospective client- Thomson Industries- and **drew up a proposal** for them. As you requested, I **elaborated the proposal** for Thomson Industries and faxed it over to them this morning. Attached you will find the full text of the proposal. Please let me know if you have any questions or comments.

訳

こんにちは、Ray。私は昨日のあなたのリクエストに応じて、更新された近況をお伝えしたいと思います。先週、私たちは新たな見込み顧客であるThomson Industriesに連絡することを話し合い、提案書を作成しました。ご要望通りにThomson Industriesのために提案を練って、今朝それを彼らにファックスしました。添付にて、提案書の全文を見ることができます。不明な点やコメントがあればお知らせください。

会話

A: Hi, Kimberly. Were you able to get in touch with Frank?
B: Yes, I just got off the phone with him.
A: Excellent. Did you **create a proposal** for the new railroad project?
B: Yes, we finalized the remaining details over the phone. I am incorporating the last changes into the document right now, and it will be ready for our meeting this afternoon.
A: Great job, Kimberly. I am looking forward to hearing you **present the proposal**.
B: Thank you. See you soon, Gabe.

訳

A: やあ、Kimberly。Frankと連絡取れた?
B: はい、私はちょうど彼との電話を切ったところです。
A: 素晴らしい。新しい鉄道プロジェクトの提案をまとめましたか?
B: はい、電話で残りの詳細をまとめました。私は今書類に最後の変更を加えているところです。今日の午後の会議には準備ができると思います。
A: 素晴らしい、Kimberly。あなたが提案するのを楽しみにしています。
B: ありがとう。ではまた後で、Gabe。

No.47 | Effort

method 01 | method 04 | 2-64

◯ 短文スピーキング

01 私は、あなたが状況を変えるためにとてつもない努力をしていることを知っています。

02 私たちは、顧客が何を考えているかを見極める努力をします。

03 私たちは、印刷コストを削減するために最大限の努力を払う必要があります。

04 消費者の態度の変化を受け入れるために、もっと努力を注ぎませんか？

05 顧客に最高のサービスを提供する努力を怠ろうと思いません。

06 あなたはこのプロジェクトに十分な努力をささげなければなりません。

07 あなたの無責任な態度は、私たちのチームがしてきた相当な努力を危険にさらす可能性があります。

08 政府は主要産業の雇用改善努力を強化しなければならない。

09 ブランド認知度向上のために、あなたが努力を始めるべき5つのブランド構築戦略をご紹介します。

10 弾力性のある人々は、否定的な考えが彼らの努力を損なうことを許さない。

正解　1. making　2. put　3. exert　4. pour　5. skimp　6. devote

コアイメージ

effortは「努力」を表す最も一般的な語で、精神的・肉体的な努力両方に使えます。また短期的な努力から長期的な努力まで幅広く指します。類語のattemptはeffortよりかたく、失敗の可能性もある「企て」という訳語がしっくりきます。

日本語訳と頭文字をヒントに、より自然な組み合わせになる英単語を入れてみましょう。

01 I know you are m_____ a tremendous effort to change your circumstances.

02 We will p_____ forth great effort to see what our customers are thinking.

03 We should e_____ our utmost efforts to cut down on printing costs.

04 Why don't you p_____ more effort into accepting changes in consumer attitudes?

05 We do not want to s_____ on effort to provide our customers the best service.

06 You have to d_____ adequate effort to this project.

07 Your irresponsible attitude could j_____ the substantial efforts our team has made.

08 Governments must i_____ efforts to improve employment in key industries.

09 Here are 5 brand-building strategies to help l_____ the effort to raise your brand awareness.

10 Resilient people don't let negative thoughts d_____ their efforts.

7. jeopardize　8. intensify　9. launch　10. derail　→詳細解説は次頁へ

method 02

「相性動詞＋effort」の組み合わせ

「努力を払う」の使い分け >> PICK-UP!

OK　一般的な言い方

- **make** effort to　〜に努力を払う

much better　世界を唸らせる言い方

1 **exert** effort to
（努力を払う）

2 **put forth** the effort to
（努力をする）

3 **pour** effort into
（努力を注ぐ）

1,2 ここでは、後ろにくる前置詞との組み合わせにも目を向けてみましょう。exert effort to、put forth the effort toのようにtoが伴うものは、そこへ向かう「方向性」に重点が置かれています。つまり、「目標を達成すること」に意識が向かっているイメージです。

他の表現
- **devote** effort to　（〜に）努力をささげる

3 一方で、pour effort intoは、「箱があってそこに努力というものを流し込んでいる」イメージです。ですから、toを伴う表現よりも目標への意識は低く、どちらかというと「一生懸命頑張っているプロセス」に重点が置かれているイメージを持つとわかりやすいですね。動詞に関して説明をすると、pourは情熱を持って努力をする意味合いを持ちます。

他の表現
- **put** effort into　（〜に）努力を注ぐ
- **invest** effort in　（〜に）努力を注ぐ

努力を必要とする

- **involve** effort　伴う
- **require** effort　必要とする
- **take** effort　要する
- **demand** effort　求める

努力をやめる

- **abandon** effort to　（〜に努力を注ぐのを）やめる
- **terminate** an effort to　（〜に努力を注ぐのを）やめる
- **skimp on** effort　怠る

skimpは「いい加減にやる／出し惜しむ」という基本の意味を覚えると理解しやすいでしょう。

努力を邪魔する

- **discourage** efforts　くじかせる
- **hinder** efforts　妨げる
- **stymie** efforts　邪魔する
- **derail** efforts　頓挫させる
- **dampen** efforts　台なしにする
- **jeopardize** efforts　台なしにする／危険にさらす／危うくする

derailは通常、「脱線させる」という意味で使われますが、努力のレールから外れさせるといったニュアンスでeffortsとも相性がいいです。

others

- **intensify** efforts　強化する
- **launch** an effort　始める

○「相性形容詞＋effort」の組み合わせ

- **great** effort　多大な努力
- **tremendous** effort　とてつもない努力
- **substantial** effort　多大な努力
- **utmost** effort　最大限の努力
- **adequate** effort　十分な努力
- **daily** effort　日々の努力

method 03 長文スピーキング

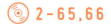

これまでに紹介してきた相性動詞・形容詞を使った
文章や会話をスピーキング練習しよう。

スピーチ

Hello guys. I really appreciate all **the effort you have put into** the Ameta project. With your **daily effort**, we have been able to build a new battery which can hold double the charge of our previous model. However, the project is not yet finished. We entered the testing phase, and I would appreciate if you would refocus and **pour more effort into** ensuring that the testing protocols are met so we are able to obtain accurate results. If the testing phase is successful, we will have the new product on the market in the next 6 months.

訳

皆さん、こんにちは。Ametaプロジェクトの取り組みに努力していただき大変感謝しています。あなたの日々の努力のおかげで、私たちは以前のモデルの2倍の充電量を保持できる新しいバッテリーを作ることができました。しかし、プロジェクトはまだ完了していません。私たちはテスト段階に突入したため、再度全力を注いでいただき、テストプロトコルが確実に満たされ、正確な結果を得ることができるよう努力していただければ幸いです。テストが成功すれば、今後6ヵ月で新製品を市場に売り出すことができます。

会話

A: If I can get everyone's attention, please. We all had a long, hard week, and I would like to thank everyone for all the extra hours they put in and **the effort they made** to ensure that we closed the deal. I especially would like to praise Will for his **laudable negotiation efforts** that allowed us to get our asking price.

B: Thanks, Hannah. I think I speak for everyone when I say that your excellent leadership and expertise were instrumental in guiding us in the right direction.

A: Thanks, Will. I appreciate the kind words. As you all know, my door is always open, and I will always do my best to resolve issues in the quickest manner possible. As for now, happy Friday everyone. As a token of my gratitude, you will all see a little something extra in your next paycheck.

訳

A: 皆さん、注目してください。私たちは皆、長くて辛い1週間を過ごしてきました。契約を締結するために、皆さんに追加で時間を費やしていただいたことに感謝したいと思います。特に我々の提示価格で進めることを可能にしたWillの素晴らしい交渉努力を賞賛したいと思います。

B: ありがとう、Hannah。あなたの優れたリーダーシップと専門知識が、私たちを正しい方向へ導く手段であったということを皆を代表してお伝えします。

A: ありがとう、Will。親切な言葉に感謝します。またご存知のように、常に私は迎え入れますし、できる限り早く問題を解決するために常に最善を尽くします。ハッピーフライデーですね。感謝の念を込めて、皆さんは次の給料に何か特別なものを見ることになるでしょう。

method 01 | method 04 | 2-67

No.48 Growth

○ 短文スピーキング

01 負債が多すぎると、あなたの小企業の成長を妨げる可能性があります。

02 成長を持続させる重要なリソースを特定しましょう。

03 新しいマネージャーのもとで、私たちの部門が継続的に成長を遂げることを大きく期待しています。

04 フランクフルト支店は、来年1.5%のマイナス成長を記録する見込みです。

05 たいていビジネスの成長を妨げる問題を特定しよう。

06 リスクを回避することは、あなたの個人的な成長を妨げる可能性があります。

07 収益成長を促す次の動きを定義したいと思います。

08 チームの長期的な成長を促すために何を提案しますか?

09 私は驚異的な成長を享受しているこのようなダイナミックなビジネスに参加することに興奮しています。

10 抑圧的な環境は従業員の成長を阻害します。

正解　1. stifle　2. sustaining　3. achieve　4. register　5. hamper　6. stunt

コアイメージ

developmentと同義語で見かけることがありますが、growthは物理的に大きくなることを含む一方で、developmentは「質的な向上」を指します。

日本語訳と頭文字をヒントに、より自然な組み合わせになる英単語を入れてみましょう。

01 Too much debt can s＿＿＿＿ the growth of your small business.

02 Let's identify key resources to s＿＿＿＿ growth.

03 I fully expect our division to a＿＿＿＿ continued growth under the new manager.

04 The Frankfurt branch is expected to r＿＿＿＿ negative growth of 1.5% next year.

05 Identify issues that usually h＿＿＿＿ business growth.

06 The reluctance to take risks can s＿＿＿＿ your personal growth.

07 I'd like to define our next move to i＿＿＿＿ revenue growth.

08 What would you suggest to s＿＿＿＿ the long-term growth of our team?

09 I am excited to join such a dynamic business that's e＿＿＿＿ extraordinary growth.

10 An oppressive environment will i＿＿＿＿ the growth of your employees.

7. ignite　8. spur　9. enjoying　10. inhibit　→詳細解説は次頁へ

method 02

○「相性動詞＋growth」の組み合わせ

「成長を妨げる」の使い分け >> PICK-UP!

👉 OK   一般的な言い方

■ **disturb** growth　成長を妨げる

👍 much better   世界を唸らせる言い方

1 contain growth
（成長を抑える）

2 inhibit[curb] growth
（成長を抑制する）

3 stunt growth
（成長を妨げる）

1 containはネガティブな意味で使われることがあり、特にコントロールしてそれ以上の範囲に及ばないようにする時に使われます。例えば contain violenceで「暴力を封じ込める」という意味です。

2 inhibitとcurbはポジティブとネガティブ、両方の文脈で使われます。
（ポジティブな例：inhibit[curb] growth of cancer cells（がん細胞の成長を抑制する））
（ネガティブな例：Low prices inhibit[curb] growth of company profits.（低価格は企業の利益成長を妨げる））

3 stuntは「植物などの発育阻害」という意味もあり、成長を妨げたり、挫折させたり、台なしにするというニュアンスです。

他の表現
■ **hamper** growth　妨げる
■ **suppress** growth　抑制する
■ **disrupt** growth　阻止する
■ **impair** growth　妨げる
■ **retard** growth　遅らせる
■ **stifle** growth　止める

成長を促す

- **promote** growth　促進する
- **accelerate** growth　促す
- **enhance** growth　促進する
- **drive** growth　推進する
- **ignite** growth　刺激する／促す
- **spur** growth　刺激する／促す
- **create** growth　もたらす
- **nurture** growth　生む
- **bolster** growth　高める

igniteの原義はラテン語で「点火する」。燃え上がる勢いで刺激して促す、強いイメージを持って使いましょう。spurは、新聞などジャーナリズムの現場で好んで使われます。

others

- **reinvigorate** growth　再活性化する
- **enjoy** growth　享受する
- **register** growth　記録する
- **achieve** growth　遂げる／達成する
- **sustain** growth　持続する

reinvigorateのinvigorateは「元気づける／鼓舞する」という意味です。

○「相性形容詞＋growth」の組み合わせ

- **continued** growth　継続的な成長
- **long-term** growth　長期的な成長
- **negative** growth　マイナス成長
- **extraordinary** growth　驚異的な成長
- **revenue** growth　収益成長
- **personal** growth　個人的な成長
- **business** growth　ビジネスの成長
- **financial** growth　財政成長

method 03 2-68,69

〇 長文スピーキング

> これまでに紹介してきた相性動詞・形容詞を使った
> 文章や会話をスピーキング練習しよう。

スピーチ

I've noticed that the sales revenues have remained largely the same over the period of the past two months. Looking at the numbers closely, I identified two possible causes that might be **stunting the company's financial growth**: initiation of international shipments and a larger number of returns. High international shipment costs and tariffs caused our profit margin per product to decrease. The long wait time for international shipments has led to a larger number of returns overall as some customers did not receive their items within a desired time-frame and chose the full-refund option. Currently the system indicates that international shipments take between two and four weeks. We need to give our customers a more specific time frame and contact different shipping agencies in order to find more competitive rates for our products. In other words, revamping the logistics framework is the key to **achieving growth**.

訳

私は、過去2ヵ月の売上高がほぼ同じままであったことに気付きました。数字を詳しく見てみると、会社の財政成長を妨げる可能性のある2つの原因、国際出荷の開始と多くの返品に可能性があると特定しました。国際発送のコストと関税が高いため、製品あたりの利益率が低下しました。国際貨物の待ち時間が長いため返品が増え、また一部の顧客が希望している時期に商品を受け取れず、全額払い戻し手続きを選択しています。現在、このシステムは、国際発送に2〜4週間かかることを示しています。顧客へより具体的な時間枠を示す必要があります。また、当社製品への競争料金を見つけるために、様々な運送代理店に問い合わせる必要があります。換言すると、物流体制の改良が成長のカギとなります。

会話

A: Edith, please, take a seat.
B: Thanks, Paul.
A: As I mentioned in my email, I called a meeting with you because I wanted to discuss how we can **reinvigorate growth** in our company.
B: Yes, Paul, and I've come up with several strategies that I would like to share with you. First, I believe we need to start innovating. The first shoe we offered to maintain traction on ice was revolutionary, but that was last year. We need to come up with a new concept that hikers and mountaineers will love.
A: That's a good idea. What else can we do to **bolster growth**?
B: We need to completely revamp our advertising campaign and start targeting people new to the outdoors. It's a much larger market, which is growing daily, and by tapping into it we can ensure increasing revenues in the foreseeable future.

訳

A: Edith、どうぞ座ってください。
B: ありがとう、Paul。
A: メールでもお伝えしたように、我が社の成長をどのように再度活性化させることができるのかを話し合いたいと思い会議を設定しました。
B: はい、Paul。あなたと共有したいいくつかの戦略を考え出しました。まず、イノベーションを始める必要があると思います。氷上で粘着摩擦を維持できる初めての靴は革命的でしたが、それは去年の話です。ハイカーや登山家が好む新しいコンセプトを考え出す必要があります。
A: いい考えですね。成長を高めるために他に何ができますか？
B: 私たちは広告キャンペーンを完全に改良して、アウトドア初心者の人々をターゲットにしなければなりません。それは日々成長している大きな市場であり、参入することで近い将来収入を増やすことができます。

No.49　Fact

method 01 ｜ method 04 ｜ 2-70

◯ 短文スピーキング

01 私たちが上司を尊敬していないという悲しい事実を嘆いています。

02 フィクションと事実を区別することは、しばしば困難です。

03 オンラインストアが、私たちが買い物する方法に革命をもたらしたというのは紛れもない事実です。

04 この重要な事実を見逃してはならない。

05 私がこの事実を受け止めるのには数日かかった。

06 私は、マネージャーたちがすべてのスタッフのアイデアや意見を大切にしていることを嬉しく思います。

07 あなたが離職を検討しているという事実を明らかにすべきではありません。

08 事実を隠そうとしても意味がないです。

09 合併交渉が進行中であるという事実を明らかにしないでください。

10 同社は事件の事実を迅速に把握するために、より多くの努力をすべきでした。

正解　1. bewail　2. separate　3. indisputable　4. overlook　5. absorb　6. enjoy

コアイメージ

原義はラテン語で「なされたこと」、そこから「事実」という意味に繋がります。しばしば後ろにthat節をとります。

日本語訳と頭文字をヒントに、より自然な組み合わせになる英単語を入れてみましょう。

01 We b_____ the sad fact that we don't respect our boss.

02 It is often difficult to s_____ fact from fiction.

03 It is an i_____ fact that online stores have revolutionized the way we shop.

04 We should not o_____ this vital fact.

05 It took me several days to a_____ this fact.

06 I e_____ the fact that the managers value the ideas and opinions of all staff members.

07 You should not d_____ the fact that you're considering leaving.

08 There's no use trying to b_____ the fact.

09 Don't d_____ the fact that merger negotiations are underway.

10 The company should have made more effort to g_____ the facts of the case quickly.

7. divulge   8. blink   9. disclose   10. grasp   →詳細解説は次頁へ

method 02

○「相性動詞＋fact」の組み合わせ

「事実を明らかにする」の使い分け　>> **PICK-UP!**

👌 OK　一般的な言い方

- **reveal** a fact　事実を明らかにする

👍 much better　世界を唸らせる言い方

1 disclose the fact (that)
（事実を明らかにする）

2 clarify facts
（事実を明らかにする）

3 uncover facts
（事実を明らかにする）

revealは「驚くべきことや知らされていなかったことを公にする」といったニュアンスを持っています。名詞形のrevelation（暴露）は、英検準1級でも度々出題されます。

1 discloseは「秘密とされていたものや機密事項などを明かす」という意味で使われます。事実を公にするのではなく、特定のグループに明かす文脈で使われます。映画などでは「警察が記者に犯人の名前を明かす」というようなシーンで使われることがあります。

2 clarify factsは事実を確認して、疑問点がないようにクリアにするイメージです。ビジネスシーンの会議で不明点をつぶしていくような時にぴったりの表現です（例：We must clarify the facts before passing judgment.）。

3 uncoverは「物理的にかかっていたカバーを取り外す」ようなイメージなので、特に公に知らせるというようなニュアンスは持ち合わせていません（例：The detective uncovered the facts by pouring through documents obtained by court order.）。

事実を伝える

- **publish** the fact　公表する
- **share** the fact (that)　共有する
- **broadcast** the fact (that)　放送する
- **cite** the fact (that)　引用する
- **communicate** the fact (that)　伝える
- **divulge** the fact (that)　漏らす
- **report** the facts　書く
- **state** the facts　述べる
- **relay** the facts　伝える
- **teach** fact　教える

divulgeは「私事や秘密などを暴露する」という意味合いです。

事実を隠す

- **conceal** the fact (that)　隠す
- **hide** the fact (that)　隠す
- **blink** the fact　見て見ぬふりをする／隠す

blinkの元々の意味「まばたきする」から「隠す」のイメージを膨らませていきましょう。

others

- **analyze** facts　分析する
- **separate** fact from　（〜と）区別する
- **enjoy** the fact (that)　楽しむ／享受する
- **bewail** the fact (that)　嘆く
- **overlook** the fact (that)　見落とす
- **bemoan** the fact　嘆き悲しむ
- **underline** the fact　明白にする／強調する
- **grasp** the fact　把握する
- **absorb** the fact　吸収する／受け止める

○「相性形容詞＋fact」の組み合わせ

- **vital** fact　重要な事実
- **undeniable** fact　否定できない事実
- **indisputable** fact　紛れもない事実
- **bare** fact　あからさまな事実
- **unquestionable** fact　疑う余地のない事実
- **bold** fact　赤裸々な事実
- **jarring** fact　衝撃的な事実

method 03　長文スピーキング

2-71, 72

> これまでに紹介してきた相性動詞・形容詞を使った
> 文章や会話をスピーキング練習しよう。

スピーチ

Hello everyone,

I regret to tell you all some bad news. Our CEO passed away in the hospital last night. While I **bemoan the fact** that he is no longer with us, I would like to thank everyone who visited Charlie while he was ill. Charlie was a visionary who built this company from the ground up to our current position as a leader in website design. Every time you see a new website being created, they are using one of the tools Charlie was involved in designing. He was a wonderful man, caring father, and a great boss. He will truly be missed.

Thank you everyone, Lester Friedrickson, VP

訳

皆さん、こんにちは、悪いご報告があります。昨夜、私たちのCEOは病院でお亡くなりになられました。私がその事実を嘆く一方で、私は彼の病中にCharlieを訪問したすべての人に感謝したいと思います。Charlieは、ウェブサイトデザインのリーダーであることを基盤として、この会社を築いた先見的な人物でした。新しいウェブサイトが作成されるのを見るたびに、Charlieが設計に携わったツールの1つを使用していることがわかりますね。彼は素敵な男でした、同時に面倒見の良い父親で、そして素晴らしい上司でした。とても寂しくなりますね。

皆さんに感謝します、Lester Friedrickson、副社長

会話

A: Hi, Page. Can I speak with you?
B: One moment please. I am just finishing an email, and I will come to your office in a few minutes.
A: Take a seat, Page. I would like to express some concerns about your attendance. I noticed that you've been leaving work early every day this week.
B: Yes, my husband is away on a business trip, and I have to go and pick up my children from kindergarten. I let Regina know 1 week ago, and she told me it was okay.
A: Regina never passed the news to me, causing some confusion. Next time, can you CC me on communication?
B: Sure thing, boss.
A: I would also like to **underline the fact** that our employee handbook states that all schedule changes have to come through me.

訳

A: こんにちは、Page。今お話ししても大丈夫ですか?
B: 少しお待ちください。ちょうどメールを仕上げているところなので、数分後にあなたのオフィスへ伺います。
A: 座ってください、Page。あなたの勤務についていくつかの懸念点を表明したいと思います。あなたは今週毎日早くに仕事を切り上げていることに気がつきました。
B: はい、私の夫は現在出張中でして、私が子供たちを幼稚園へ迎えに行かなければならないのです。1週間前に私はReginaに報告し、彼女の許可を得ています。
A: Reginaはこのことを私に報告しなかったから、混乱を招いたみたいですね。次回からは、コミュニケーションをとる時は私をCCに入れていただけますか?
B: もちろんです、ボス。
A: 従業員ハンドブックのルールにも記載されていますが、すべてのスケジュールの変更には私を通す必要があります。

method 01 method 04 2-73

No.50 Relationship

○ 短文スピーキング

01 チームメンバー間で望ましい個人的関係を築くことを最優先に考えています。

02 従業員の家族のような関係は、企業の持続的な成長に繋がる可能性があります。

03 クライアントとのより頻繁な会話は、長期的な関係を育むのに役立ちます。

04 私たちの強みは、顧客、従業員、ビジネスパートナーとの持続可能な関係です。

05 私は、業者との相互利益的な関係を維持しようとしています。

06 より高い目標を追求するには、上司との関係を活用する必要があります。

07 Long Island Ingredientsは、特定の農場との密接な関係を認めました。

08 私たちの目標は、各顧客との確かな関係を確立することです。

09 Nataliaとの健全な関係を回復するために、全力を尽くしたほうがいいですね。

10 時には、関係を絶つことが重要です。

正解　1. forging　2. Family-like　3. nurture　4. sustainable　5. maintain

> **コアイメージ**
>
> relationは「関係があるかないか」、その有無について重点が置かれた単語ですが、relationshipは関係性の中での「具体的な活動までもを含む」ので、より具体的で包括的です。

> 日本語訳と頭文字をヒントに、より自然な組み合わせになる英単語を入れてみましょう。

01 We place priority on f_____ desirable personal relationships among team members.

02 F_____ relationships among staff can lead to sustainable growth of companies.

03 More frequent conversations with your clients will help you n_____ long-term relationships.

04 Our distinct strength lies in s_____ relationships with our customers, employees, and business partners.

05 I'm trying to m_____ mutually beneficial relationships with our vendors.

06 You should l_____ your relationship with your boss to pursue higher goals.

07 Long Island Ingredients acknowledged that they h_____ close relationships with certain farms.

08 It is our goal to e_____ a firm relationship with each of our clients.

09 You had better make a full effort to r_____ a healthy relationship with Natalia.

10 Sometimes, it's important to e_____ a relationship.

6. leverage　7. have　8. establish　9. restore　10. eliminate　→詳細解説は次頁へ

method 02

○「相性動詞＋relationship」の組み合わせ

「関係を築く」の使い分け >> PICK-UP!

OK 一般的な言い方

- **have** a relationship　関係を持っている
- **build** a relationship　関係を築く
- **create** a relationship　関係を築く
- **establish** a relationship　関係を築く／確立する

much better 世界を唸らせる言い方

1 form a relationship
（関係を築く）

2 forge a relationship
（関係を築く）

3 cement a relationship
（関係を構築する）

1 form、forge、cementはいずれもビジネスシーンで多用されます。
formは「築く」という意味で汎用的に使われますが、buildよりも少しかしこまった言葉なので書き言葉で好まれます。

2 一方、forgeは「苦労しながら築く」というイメージがあります。forgeとcementは、formよりも、「よりがっちり築く」イメージを持った強い語感の単語です。

3 cementは、まさに「セメントを流し込んでがっちりとかたいものを築く」ようなイメージを持っています。外交関係など強固な同盟や関係を築く文脈にもふさわしいでしょう（例：cement the alliance between two countries）。

関係を壊す

- **destroy** a relationship　壊す
- **damage** a relationship　損なう
- **eliminate** a relationship　断ち切る

destroyは「もう修復できない状態まで壊す」ニュアンスを含み、damageよりも強い語感になります。eliminateは、多義語でkillの婉曲表現にもなります。それだけ強い語感を持つということを押さえましょう。

関係を持続する／さらに強くする

- **maintain** a relationship　維持する
- **boost** a relationship　促進する
- **deepen** a relationship　深める
- **enhance** a relationship　強化する
- **nurture** a relationship　育む
- **develop** a relationship　発展させる
- **improve** a relationship　改善する

nurtureは「短文スピーキング」03に出てきたように「ゼロから作り上げる」というよりは、元々あったものを「育てる」イメージが強い動詞です。developは「時間と労力をかける」ことが背景に含まれている様子がうかがえます。

others

- **leverage** a relationship　活用する
- **restore** a relationship　回復させる
- **seek** a relationship　求める

leverageには名詞で「てこ」の意味も。経営用語のレバレッジのように、「他の力をてこに自分の力を高める」、つまり「活用する」という意味になります。

◯「相性形容詞+relationship」の組み合わせ

ポジティブ	ネガティブ
cooperative relationship　協力的な関係	adversarial relationship　敵対関係
firm relationship　かたい関係	awkward relationship　ぎすぎすした関係
healthy relationship　健全な関係	unhealthy relationship　不健全な関係
productive relationship　生産的な関係	negative relationship　後ろ向きな関係
sustainable relationship　持続可能な関係	
lasting relationship　継続的な関係	
family-like relationship　家族のような関係	
beneficial relationship　利益的な関係	

method 03

○ 長文スピーキング

> これまでに紹介してきた相性動詞・形容詞を使った
> 文章や会話をスピーキング練習しよう。

スピーチ

Good evening, everyone. Today's lecture is going to focus on the most important aspect of being a successful business owner-the ability to **form, maintain, and leverage relationships**. In this class, you are going to learn how to **create lasting relationships** with your clients that will ensure the continual success of your company. You will learn how to **leverage these relationships** to increase your client base and grow your profits. I will share with you tips and techniques that you can employ to make each of your clients feel valued, in turn, adding value to your business.

訳

皆さん、こんばんは。本日の講義では、成功する事業主となるための、関係を構築し・維持し・活用する能力という、最も大切な側面に焦点を当てて話してまいりたいと思います。この授業では、あなた方の会社に継続的な成功を確実にする、クライアントとの持続的な関係の作り方を学んでいきます。皆さんのクライアントの基盤を拡大し、会社の利益を増大させるために、いかにこれらの関係性を活用するかを習得していただきます。皆さんのすべてのクライアントに価値を感じてもらうことができるように、皆さんが利用できるテクニックやノウハウを共有し、あなた方のビジネスに次々に価値を与えていきます。

会話

A: Hi, Jean. How did feel about the presentation we had on relationship building in the workplace?
B: I thought it was very informative.
A: What were some of your takeaways?
B: I learned that continual attention to employee needs is necessary to **deepen productive relationships**.
A: I concur. Cooperation is key to being as productive as possible in the allowed amount of time.
B: I want to be one of the drivers of this company to help it focus not only on acquiring new talent and experts in the field, but also on providing our employees incentives to stay in the company.
A: That's great. I believe that **building, maintaining, and deepening relationships** between management and staff will decrease turn-over rates and increase cohesiveness and productivity in the workplace.
B: Absolutely.

訳

A: やあ、Jean。僕たちが参加した、職場での関係構築に関するプレゼンテーションについて何か感じたことはあるかい？
B: とても有益なものだと思ったわ。
A: 何か、覚えておくべきことは、あった？
B: 生産的な関係性を深めていくために、従業員の需要に対して継続的な着目が必要不可欠だということを学んだことかな。
A: その意見には賛成だね。制限時間のなかで、できるだけ生産的なものにするには、協力することが鍵になってくるね。
B: 私は、この分野における新しい才能や専門家の獲得のみに執着しないで、従業員に会社に残ってもらえる報奨の提供にも焦点を当てることを、この会社に促すことのできる伝達役の1人でありたいと思うわ。
A: それは、素晴らしいね。経営側と従業員の間の関係を構築して、維持して、それを深めていくことは、転職率を減らし、職場における団結力と生産性を向上させると思う。
B: まさにその通りね。

おわりに

語彙力を高めることは英語をマスターするために不可欠であることを知っている方は少なくないと思います。しかし、ただ単に難易度の高い単語をあれこれ詰め込むことが英語マスターへの道ではなく、いかにその組み合わせを的確に扱えているかということのほうがよほど重要なのです。

これは料理に似ているなと、僕はいつも感じています。美味しい食材や調味料をとにかくフライパンに放り込めば美味しい料理ができるとは到底思えませんよね。食材や調味料には相性があって、それらを適切に扱うことが美味しい料理を作るためには重要ですね。

本書では50のビジネス英語で頻出の名詞をどのように活用すると皆さんの英語力がより豊かなものになるかを見てまいりました。しかし、イラストでもニュアンスの違いをお伝えしたように、実は英語の肝となるのは動詞なのです。

私たちが母国語として話している日本語でも同じように細かく動詞を使い分けています。例えば、「ジャケットを着ている」「ブーツを履いている」「メガネをかけている」「帽子を被っている」「手袋をはめている」などのように、着用しているモノに応じて動詞を使い分けています。しかし、これらを英語にするとwearの1つですっきりと収まってしまいます。1語の英語に対し、多数の日本語が存在しているのです。

日本語を学ぶ人たちにとっても、これらの使い分けを学ぶ必要があるように、

動詞の持つニュアンスを理解し、的確に使い分けられるようになると英語をマスターできるようになります。

本書はインプットからアウトプットまでの流れにこだわった構成にしていますが、学んだ表現をぜひ実践で活用してみてください。実践で活用してみることでどんどんスキルとして定着していく感覚を味わうことができ、英語を話すことがもっと楽しくなるはずです。

最後となりましたが、本書執筆にあたり、三修社編集部の本多真佑子様、余田志保様、Brooke Abe様には多大なサポートをいただきました。皆さまのサポートなくしては本書をカタチにすることができませんでした。そして、執筆のサポートをしてくれた河合俊毅君、古谷理太君、津田麻菜美さん、Arianne Agustinさんにもこの場を借りて感謝を申し上げたいと思います。

塚本　亮

英文校正	Brook Lathram-Abe
編集協力	余田志保(つばめパブリッシング)
本文デザイン	山之口正和(tobufune)
本文装丁	小口翔平 + 喜來詩織(tobufune)
本文イラスト	オフィスシバチャン
DTP	小林菜穂美

世界のエリートを唸らせる
話すビジネス英語

2018年9月30日　第1刷発行

著　者	塚本　亮
発行者	前田俊秀
発行所	株式会社 三修社
	〒150-0001　東京都渋谷区神宮前 2-2-22
	TEL03-3405-4511　FAX03-3405-4522
	http://www.sanshusha.co.jp
編集担当	本多真佑子
印刷・製本	広研印刷株式会社

©2018 Ryo Tsukamoto　Printed in Japan
ISBN 978-4-384-05913-7　C2082

|JCOPY| ＜出版者著作権管理機構 委託出版物＞

本書の無断複製は著作権法上での例外を除き禁じられています。複製される場合は、そのつど事前に、出版者著作権管理機構 (電話 03-3513-6969 FAX 03-3513-6979 e-mail: info@jcopy.or.jp) の許諾を得てください。